A Riqueza das Nações de Adam Smith

LIVROS QUE MUDARAM O MUNDO

A Bíblia
Karen Armstrong

O Capital de Marx
Francis Wheen

O Corão
Bruce Lawrence

Os Direitos do Homem de Thomas Paine
Christopher Hitchens

Ilíada e Odisséia de Homero
Alberto Manguel

A Origem das Espécies de Darwin
Janet Browne

O Príncipe de Maquiavel
Philip Bobbitt

A República de Platão
Simon Blackburn

A Riqueza das Nações de Adam Smith
P.J. O'Rourke

Sobre a Guerra de Clausewitz
Hew Strachan

P.J. O'Rourke

A Riqueza das Nações de Adam Smith

uma biografia

Tradução:
Roberto Franco Valente

ZAHAR
Jorge Zahar Editor
Rio de Janeiro

***Este livro é dedicado a Edward Clifford Kelly O'Rourke, na esperança de que ele possa crescer num mundo que desfrute tanto da ética quanto da materialidade da* Riqueza das Nações.**

Título original:
On The Wealth of Nations

Tradução autorizada da primeira edição inglesa, publicada em 2007 por Atlantic Books, um selo de Grove Atlantic Ltd., de Londres, Inglaterra

Jorge Zahar Editor Ltda.
rua México 31 sobreloja
20031-144 Rio de Janeiro, RJ
tel.: (21) 2108-0808 / fax: (21) 2108-0800
e-mail: jze@zahar.com.br
site: www.zahar.com.br

Capa: Sérgio Campante, em papel Reciclato

CIP-Brasil. Catalogação-na-fonte
Sindicato Nacional dos Editores de Livros, RJ.

O'Rourke, P.J.
O97r A riqueza das nações de Adam Smith: uma biografia / P.J. O'Rourke; tradução, Roberto Franco Valente. — Rio de Janeiro: Jorge Zahar Ed., 2008.
(Livros que mudaram o mundo)

Tradução de: On The wealth of nations
Apêndice
Inclui índice
ISBN 978-85-378-0094-2

1. Smith, Adam, 1723-1790. Inquiry into the nature and causes of the wealth of nations. 2. Economia. I. Título. II. Série.

CDD: 330.153
08-2797 CDU: 330.821.1

Sumário

Ele pegou apenas o que sua mente superficial conseguia, e não a essência do pensamento de Smith. Até para se tomar emprestado um chapéu, seja qual for o propósito, as duas cabeças devem ter tamanhos aproximados.

John Rae, biógrafo de Adam Smith, sobre outro autor que tentou apropriar-se da obra de Smith

1

Uma investigação sobre

Uma investigação sobre a natureza e as causas da *Riqueza das nações*

Sem dúvida alguma *A riqueza das nações* é um livro que mudou o mundo. Para isso, contudo, levou tempo. Passados 231 anos de sua publicação original, as verdades práticas de Adam Smith mal começam a ser completamente assimiladas. E, onde elas são mais importantes — conselhos da União Européia, Organização Mundial do Comércio, Fundo Monetário Internacional, Parlamento britânico e Congresso norte-americano —, muitas vezes as lições de Adam Smith acabam por se perder ou por serem compreendidas.

Os princípios simples de Adam Smith

Smith iluminou todo o mistério da economia com apenas um lampejo: "O consumo é o objetivo e o desígnio único de qualquer produção."[1] Não há mistério nisso. Ele só tirou a *meta* da *física*. A economia é nosso meio de vida, nada mais.

A riqueza das nações discute três princípios básicos, e, por meio do simples pensamento e de numerosos exemplos, fornece sua prova. Normalmente, nem os intelectuais encontram dificuldades para compreender as idéias de Smith. O progresso econômico depende deste trio de prerrogativas individuais: a busca do interesse próprio, a divisão do trabalho e a liberdade de comércio.

Nada há de intrinsecamente errado em se empenhar pelo próprio interesse. Esse foi o melhor insight de Smith, que, entretanto, para um leitor do século XXI, dificilmente soará como novidade; se parecerá, antes, com todas as notícias que aparecem nos jornais. Hoje o próprio altruísmo é proclamado a plenos pulmões por qualquer altruísta. Certamente é do interesse do ego virar celebridade; Bob Geldof,* por exemplo, descobriu como se manter em estado de celebridade. Na maior parte da história, porém, a sabedoria, as crenças e os costumes sempre exigiram que se subjugasse o ego, que se refreassem as aspirações, que se sacrificasse o próprio eu (e, pensando em Abraão e Isaac, também os membros da família, caso fosse possível agarrá-los).

Toda essa brandura, assim como a produção de Adam Smith, tinha um objetivo e um propósito. A maioria das pessoas não exerce controle algum sobre sua situação material ou mesmo — sendo escravos ou servos — sobre suas pessoas materiais. Naquele verdadeiro canil que era a existência anti-

---

* Cantor e compositor inglês, líder da banda de rock Boomtown Rats, celebrizou-se por campanha, com outros astros pop, contra a fome na Etiópia, em 1984, formando o grupo BandAid. (N.T.)

ga e medieval, o ascetismo nos fazia sentir menos semelhantes aos cachorros.

Adam Smith, porém, viveu num lugar e numa época em que os indivíduos comuns começavam a ter algum poder de correr atrás de seus próprios interesse. No capítulo "Sobre os salários do trabalho", no Livro 1 da *Riqueza das nações*, ele observou, em tom próximo ao da moderna ironia: "Devemos considerar essa melhoria da situação das camadas mais baixas da sociedade uma vantagem ou um inconveniente para a sociedade?"[2]

Se, no século XVIII, a prosperidade ainda não era considerada algo bom e naturalmente óbvio para as classes inferiores do povo, é porque ninguém ainda tivera a iniciativa de lhes perguntar isso. Mesmo hoje, em muitos lugares, ninguém se deu ainda ao trabalho de questionar o assunto. Melhorar a própria situação, contudo, nunca é tolice, sacrilégio ou vulgaridade. O problema é como fazer isso.

A resposta é a divisão de trabalho. E ela foi óbvia — exceto para a maioria dos estudiosos que, antes de Adam Smith, já teorizava sobre a economia. Há divisão de trabalho desde que a humanidade existe. Quando Adão (o Adam original) limpou o chão, e sua Eva se estendeu sobre ele, pode-se dizer que a divisão de trabalho explicitou-se dolorosamente. As mulheres passaram a suportar a agonia do parto, enquanto os homens ficaram zanzando pelo jardim.

O Adam objeto da presente investigação não foi o primeiro filósofo a se dar conta da especialização ou a ver que a divisão é tão inata quanto o trabalho. Mas possivelmente foi o primeiro a compreender as múltiplas implicações da divisão de trabalho. De fato, parece ter sido o inventor da expressão.

O cara atarracado e cheio de grandes idéias afia a ponta da lança. O cretino corajoso fere o mamute com a lança. E o tipo artista reproduz tudo isso em lindas pinturas nas paredes da caverna. Cada pessoa faz uma coisa, e todas as pessoas querem todas as coisas.

Daí o comércio. Teoricamente o comércio pode ser bom, ou, na teoria, a auto-suficiência pode ser melhor, mas só pensar essas teorias significa desperdiçar a especialização que, de vez em quando, é tão útil: o pensamento. O comércio é um fato.

Adam Smith se deu conta de que todos os comércios, desde que realizados com liberdade, são por definição mutuamente benéficos. Alguém que tem isto consegue aquilo, que desejaria mais, e o consegue de alguém que desejaria mais isto que aquilo. Esse pode ter sido um comércio bem idiota. Olhar uma pintura numa caverna talvez não valha 136 quilos de presunto de mamute. A reciprocidade pode estar em desequilíbrio. Um artista faminto se empanturra durante meses, enquanto o novo patrono das artes, cretino e corajoso, deslumbra-se na gruta de Lascaux. E quanto ao esperto afiador de lanças? Sem dúvida conseguiu sua porção de presunto de mamute. Mas ninguém nos perguntou nada. Não é da nossa conta.

Porque uma investigação sobre os princípios simples de Adam Smith não é, em primeiro lugar, uma investigação sobre Adam Smith

A maioria das coisas que as pessoas fazem na maior parte do tempo não é da nossa conta. Essa é uma idéia bem moderna. Torna a vida privada — na qual não temos de meter o bedelho — mais fascinante do que foi para os pré-modernos. Adam Smith foi um pré-moderno, e por isso este livro está assim organizado, de forma meio antiquada. As idéias do homem vêm em primeiro lugar; o próprio homem virá depois. Adam Smith ajudou a produzir um mundo de individualismo, autonomia e realização pessoal: esse mundo, porém, não o produziu — e ele pertencia a uma tradição de pensamento mais antiga e abstrata.

Quando as idéias de alguém contemporâneo mudam o mundo, queremos saber tudo a seu respeito. Terá sido sofisticada a formação culinária de Julia Child* ou será que sua mãe lhe servia omeletes grossas e gordurosas, cheias de queijo e bacon, iguais às que minha mãe fazia e eu dava para os cachorros? Que elementos da natureza, nutrição, psicologia e experiência desenvolveram o pensamento de Julia Child? Mas houve um tempo em que o pensamento, na maioria das vezes, se desenvolvia a partir de outro pensamento. Os pensadores não pensavam em si próprios, e sua platéia tampouco pensava nesses pensadores como egos pensantes. Todos estavam perdidos em pensamentos. Dugald Stewart, que em 1858 publicou a primeira biografia de Adam Smith, pediu desculpas por seu trabalho ser tão pobre do ponto de vista pitoresco, com o seguinte comentário: "A história da vida de um filósofo pouco mais pode conter que a história de suas especulações."[3]

Outra razão para colocar a história das especulações de Adam Smith antes de sua própria história é que, ao contrário da vida moderna, a dele, ainda que interessante, não foi re-

---

* Famosa apresentadora de programas culinários na televisão norte-americana, responsável pela introdução de técnicas da cozinha francesa nos Estados Unidos. (N.T.)

pleta de episódios. Smith foi um estudioso, porém não queria saber de litígios. Tinha opiniões políticas convencionais e moderadamente reformistas, e teria sido qualificado *whig* caso se tivesse dado ao trabalho de se envolver na política partidária. Tornou-se um burocrata do governo. No entanto, a essência de seu pensamento — "Isso não é da nossa conta" — irá finalmente (espero) endireitar tudo que as autoridades políticas e religiosas vêm fazendo há dez mil anos. Em alguns países, o pensamento funciona. Existem regiões da Terra em que a vida é diferente da época em que o primeiro troglodita e o primeiro charlatão místico brandiram, um, seu porrete original, o outro, suas pioneiras palavras mágicas, ambos afirmando sua autoridade acima de tudo.

Toda a questão da autoridade tem a ver com a interferência nos assuntos alheios. Príncipes e prelados jamais resistem a impor restrições na busca do interesse próprio, da divisão do trabalho e da liberdade de comércio. Buscas bem-sucedidas sempre significam desafio à autoridade. Se as pessoas conseguem os empregos que desejam, irão atrás de outras liberdades. Quanto ao comércio, surpreendam-no.

Uma restrição dificilmente é uma restrição, a menos que a coerção esteja envolvida no processo. Retornando aos nossos cro-magnons do exemplo, podemos dizer que um comércio é coercitivo quando alguém consegue lanças de ponta afiada, carne de mamute, pintura da caverna *e* a caverna inteira. E para o outro nada sobra.

A coerção destrói a natureza mutuamente benéfica do comércio, que destrói a negociação, que destrói a divisão de trabalho, que destrói o interesse particular. Restrinja o comércio, apenas modestamente, e terá dado um pulo e uma pirueta em direção ao grande salto maoísta para adiante. Restrinja as demais prerrogativas econômicas, e o resultado será igual. Restrinja as três, e você será o próprio Mao, em pessoa.

Os princípios menos simples de Adam Smith

Fica evidente, em outros textos seus, que Adam Smith era um defensor moral da liberdade; os argumentos em favor da liberdade na *Riqueza das nações*, entretanto, são tão pragmáticos que chegam quase a constranger. Smith se opunha às mais severas restrições econômicas: tarifas, bônus, quotas, controles de preços, operários associados em luta por aumento de salários, patrões coniventes congelando salários, monopólios, cartéis, cartas régias, corporações, treinamentos, contratos e, obviamente, a escravidão. Era contrário até à concessão de licenças para médicos, acreditando que elas legitimariam mais os charlatões do que as feiras; era favorável, entretanto, a muitas restrições às pessoas porque não queria que a força bruta se tornasse moeda corrente de um reino sem lei.

Em termos mais melancólicos e honestos que aqueles aos quais nos habituamos a ouvir dos economistas, Smith declarou: "A paz e a ordem da sociedade são mais importantes até do que a assistência aos miseráveis."[4] Sem liberdade econômica, aumenta o número de miseráveis, demandando a imposição de novas restrições que mantenham a paz entre eles, com a conseqüente perda de liberdade.

Smith também tinha consciência de que a liberdade econômica cria contrariedades. Ele se preocupava particularmente com os excessos na divisão de trabalho. "O homem que passa a vida inteira realizando só operações simples ... em geral fica tão idiota e ignorante quanto é possível ao ser humano."[5] O que, aliás, constatamos em políticos que entram no processo de apertar a mão de todo mundo, repetindo o decorado discurso de campanha. Mas vale a pena. Qualquer tipo de produtividade pode ser ampliada pela especialização. E a especialização na política pelo menos mantém os políticos longe da administração dos negócios – em que sua imbecilidade e ignorância poderiam causar dano ainda maior ao crescimento econômico.

Os princípios mais complicados de Adam Smith

As demonstrações lógicas de Smith – de como a produtividade aumenta em decorrência do interesse próprio, da divisão do trabalho e do comércio – derrubaram a tese (ainda zelosamente sustentada pelos esquerdistas e pelo caçula de qualquer família) de que melhorar a situação de uma pessoa necessariamente irá piorar a de outra. A riqueza não é uma pizza: se eu ganhar todas as fatias, você não terá de comer a embalagem.

Ao provar que não havia nenhuma quantidade fixa de riquezas numa nação, Smith também mostrou que não se pode dizer que determinada nação as possua em quantidade ilimitada. A riqueza deve medir-se pelo volume de comércio em mercadorias e serviços; pelo que acontece nas cozinhas e nos estábulos do castelo, e não pelo que está trancafiado nos cofres de sua torre. Smith especificou essa forma de medir na primeira frase da introdução da *Riqueza das nações*: "O trabalho anual de cada nação constitui o fundo que originalmente lhe fornece todos os bens necessários e os confortos materiais que consome anualmente."[6] Criou assim o conceito de produto interno bruto (PIB), sem o qual os economistas modernos teriam pouca coisa a dizer e, mudos em suas feias gravatas, ficariam zanzando, à espera de que a MSNBC* lhes pedisse para manter silêncio enquanto estivessem no ar.

Se a riqueza é mera questão de marés e correntezas, então assim também é sua medida, o dinheiro, que não tem valor intrínseco, como pode confirmar qualquer criança que tenha alguma vez engolido uma moeda. E aqueles de nós com idade suficiente para ter ouvido falar na República de Weimar e ter vivido durante a administração Carter não sofrem muito com essa informação. No século XVIII, porém, o dinheiro ainda era rotineiramente fabricado com metais preciosos. As observações de Smith sobre o dinheiro devem ter sido algo desanimadoras para seus leitores, embora pudessem comprovar o que ele dizia com o exemplo da Espanha, inundada de brilhos, porém empobrecida. Bem, o ouro vale seu peso em ouro, sem dúvida, mas não é tão certo assim que valha alguma outra coisa. Era quase como se Smith, tendo provado que todos nós podemos ter mais dinheiro, demonstrasse depois que o dinheiro não compra a felicidade. E não compra mesmo. Só aluga.

---

* Canal de notícias da TV a cabo. O nome é uma junção de Microsoft Network e NBC. (N.T.)

Os princípios de Adam Smith: seu efeito básico

A riqueza das nações foi publicada, em clara coincidência, no mesmo ano em que a maior nação capitalista da história declarou sua independência. E, para o educado povo da Grã-Bretanha, a idéia de Estados Unidos da América era mais irracional, antinatural e, por assim dizer, bizarra que qualquer uma das idéias de Adam Smith. *A riqueza* não era leitura leve, até para os padrões mais pesados dos leitores do século XVIII. Mas foi um *succès d'estime*, e, de certa forma um sucesso real. A primeira edição esgotou em seis meses, surpreendendo o editor. A não ser por esse detalhe, não há evidências de que a obra de Smith tenha deixado admirados seus contemporâneos.

A sugestão de Smith quanto à primazia econômica do interesse próprio, por exemplo, não espanta ninguém. Que o interesse próprio faz girar o mundo, isso foi tacitamente reconhecido desde que o mundo começou de fato a girar — segredinho, aliás, muito bem conhecido. O inquietante pensamento de que o dinheiro é algo imaginário também constituiu preocupação para o bom amigo de Smith, David Hume,* um quarto de século antes. Na verdade, a qualidade fictícia do dinheiro já fora bem compreendida desde a época clássica. Nos 200 anos que separam os reinados dos imperadores Nero e Galeno, as ficções imperiais reduziram de 100% a nada a prata da moeda romana.

Embora seu conteúdo não fizesse as pessoas palpitarem, alguma coisa da *Riqueza das nações* fazia ranger as engrena-

---

* Filósofo e historiador escocês (1711-76) autor de *Ensaios sobre o entendimento humano* (1748). (N.T.)

gens do pensamento iluminista. E algo ainda permanece rangendo em nossas mentes. Sinto isto pessoalmente, toda vez que surge o tema do interesse próprio.

Cara, *eu não sou* egoísta! Penso muito no ambiente e em todas as pessoas com menos sorte que eu. Principalmente naquelas que não dão a mínima para a poluição, o aquecimento global e as espécies em extinção. Penso muito nelas e faço votos de que percam as próximas eleições. Então, quem sabe poderemos conseguir gente preocupada e compassiva nas repartições públicas, gente que não seja egoísta. Se elegermos como prefeito algum ambientalista, ninguém vai construir um bairro cheio de McMansions* que irá tapar minha vista para o mar.

Além disso, vamos encarar as coisas: as "camadas inferiores do povo" na verdade têm muito dinheiro. Vejam a Britney Spears. Vou dar exemplo melhor: os ricaços que compram esses verdadeiros palácios na beira da praia, com garagens para quatro barcos, cozinhas fantásticas à Martha Stewart,** onde se cozinha quase tanto quanto Martha prepara suas receitas. Eles podem pensar que não pertencem às classes inferiores só porque ganham muita grana. Seu estilo de vida, entretanto, é uma "inconveniência da sociedade", como irão descobrir quando eu arranhar seu Hummer*** que ocupa três vagas no estacionamento.

---

* Expressão surgida na década de 1980, nos Estados Unidos, para designar um estilo de casas construídas em massa, todas iguais – a exemplo da comida vendida pela cadeia McDonald's. (N.T.)

** Megaempresária e apresentadora de televisao norte-americana, além de uma das maiores fortunas do país. (N.T.)

*** Carro de dimensões exageradas, originário do Exército norte-americano, hoje muito popular entre os mais ricos. (N.T.)

Conheço bem o tipo. Tudo que faz é trabalhar o dia inteiro, 80 ou 100 horas por semana, em alguma atividade especializada que mais ninguém conhece, em firma abastadíssima de advogados associados na Wall Street ou na sala de cirurgia de algum hospital caríssimo. É preciso equilibrar trabalho, vida e família para se tornar... bem, digamos, equilibrado... É por isso que eu e minha mulher estamos planejando cultivar em nossa casa todos os alimentos que nos são necessários (sabiam que os nabos suecos podem ser estocados durante um ano?), só usar serviços comerciais via Internet com programação aberta, aquecer a casa com energia limpa e renovável — como a eólica, acionada pelas correntes de ar que passam por baixo da porta — e tricotar as roupas das crianças com lã orgânica de carneiros criados no próprio quintal, em condições humanitárias de tratamento. Isso irá manter os meninos aquecidos e aconchegados, embora com um pouco de coceira, e ajudará a construir suas personalidades, já que ouvirão muita provocação nas ruas.

Está bem, está bem, eu admito que a total remoção de restrições ao mercado seria muito "bom para a economia". Mas dinheiro não é tudo. Pensem no perigo e no prejuízo que isso causaria à sociedade. Sem a regulamentação do governo, os figurões que dirigem companhias como a Enron, a WorldCom e a Tyco poderiam trapacear com os investidores e embolsar milhões. Sem nenhuma restrição à venda de substâncias perigosas, os jovens poderiam fumar, beber e se drogar à vontade. Sem a concessão de licenças aos praticantes da medicina, o caminho estaria aberto para os adeptos da quiromancia, os osteopatas e aromaterapeutas. Se não tivéssemos sindicatos de trabalhadores, 30 mil pessoas ainda seriam escravas assalariadas da General Motors, com a vida cotidiana imersa em trabalho pesado e estúpido. Se não existissem tantas formas de conspiração no varejo da indústria petrolífera, os postos de gasolina poderiam cobrar o quanto quisessem. E eu teria de sair dirigindo pela cidade inteira até encontrar o melhor preço, o que seria um desperdício de combustível.

Considerem também os danos ao mundo em desenvolvimento. Música pop de pouca qualidade, importada dos Estados Unidos e baixada nos MP3, poria qualquer grupo de flautas da Bolívia fora do mercado. Acrescente-se que alguns trabalhos exigem proteção que lhes assegure e realização nas próprias comunidades. Meu trabalho é fazer brincadeiras, contar piadas e coisas engraçadas. Em algum lugar de Mumbai deve existir alguém mais jovem e mais engraçado que eu, que se disponha a trabalhar por um salário menor. Meu emprego poderia ser dado a ele, que faria a brincadeira que quisesse. Quem minha esposa iria ironizar? Por quem seriam ofendidos meus parentes por afinidade? Quem meus amigos iriam evitar?

Esse cara anônimo, a milhares de quilômetros daqui, poderia deixar livre seu senso de humor. Assinaria, por exemplo, aquele divertido artigo que uma vez por ano, mais ou menos, escrevo a respeito das provações e dos sofrimentos (e dos momentos de alegria) que representa levar as crianças até Manhattan no Natal. Nas lojas, esmagam-se os meninos contra as vitrinas, empurram-nos para junto da árvore do Rockefeller Center, e eles acabam com as roupas esfarrapadas no rinque de patinação do Central Park, vitimados por verdadeiras hordas vindas do Meio-Oeste, da Europa ou do Japão. O Eu-Mumbai poderia ficar tentado a deixar escapar alguma insípida trovinha, tipo:

No Natal em Nova York, enquanto eu agüentava
O feio e rude desfile de turistas,
Ocorreu-me um pensamento generoso:
Façam um donativo para a Al-Qaeda.

Em nome da responsabilidade, da sensibilidade à linguagem ofensiva, e de todas as coisas com aplicação social, o fluxo de mercadorias e serviços de Adam Smith precisa ser acompanhado ao menos pela ameaça de outro fluxo: o de um drinque lançado em meu rosto.

E, então, há o problema desses bens e serviços — o produto interno bruto de Adam Smith. Sou tão internamente bruto quanto qualquer um. Mas onde está o produto? E por que todos os artigos e serviços saem de meus rendimentos, em vez de correr para eles? Compreendo, naturalmente, que o dinheiro não é o que importa. O amor vale mais. E a minha conta bancária é cheia de amor, ou de algo a ele relacionado: sexo (isto é, nada tenho no banco). Se o dinheiro não vale nada, então por que Alan Greenspan* tem sido esse figurão por tanto tempo? Será que ele ia diariamente ao escritório só para jogar Sudoku?

Nenhum de nós, de fato, toma os axiomas de Adam Smith ao pé da letra — pelo menos até recebermos grandes lucros, enormes salários e imensos bônus anuais resultantes de mercados livres, baixos custos de trabalho, aumento de produtividade e a política atual do Federal Reserve. Como a AFL-CIO,** a

* Economista norte-americano, foi presidente do Federal Reserve (Banco Central norte-americano) dos Estados Unidos e do Tesouro Britânico. (N.T.)

** American Federation of Labor e Congress of Industrial Organizations: centro sindicalista nacional e a maior federação de sindicatos dos Estados Unidos. (N.T.)

França e todos esses enfurecidos e confusos manifestantes de rua, questionamos Adam Smith. Se é para ser um bate-boca inteligente, precisamos investigar completamente o lado de Smith na discussão. *A riqueza das nações*, tal como costumava dizer minha geração (nos tempos em que a minha geração era relevante), é relevante.

2

Por que *A riqueza das nações* é um livro tão longo?

Então nos sentamos para ler, carregamos nosso laptop com a obra de Adam Smith, que pesa tanto quanto uma caixa de uísque, e abrimos *A riqueza das nações* na primeira de muitas e muitas páginas. E nos surpreendemos em posição de constrangimento intelectual que nos leva mais a enrubescer do que propriamente a discordar da lógica e do bom senso de Smith. Topamos de saída com a questão da quantidade. Isso acontece com a maioria dos leitores de obras muito importantes (freqüentemente, já bem tarde da noite, na véspera de alguma prova). Até mesmo um devoto literal da Bíblia, em algum conservador seminário batista, precisa especular para si mesmo sobre essa questão, enquanto se esfalfa pelas *gerações* de Crônicas-1. Sou — ou nos bons momentos gosto de pensar que sou — um dedicado defensor do mercado livre, mas *A riqueza das nações*, em minha edição da Modern Library, tem 900 páginas, e mais um prefácio, uma introdução do editor e um apêndice.

Já me disseram que um dos prazeres da meia-idade é reler os clássicos, agora que, cerca de 40 anos depois de minha última aula na faculdade, já esqueci quase tudo deles. Com isso eu deveria adquirir nova e adulta perspicácia nos diálogos de Platão; descobrir renovada e madura apreciação do *Paraíso perdido* e experimentar, como homem-feito, as maravilhas já esquecidas da *Riqueza das nações*. Isso inclui me questionar se de fato já li a obra. Pergunto-me com maior franqueza: será que só esqueci os resumos?

Seja como for, outro prazer da meia-idade é que, se o rosto enrubesce mais com os eflúvios do rum, já não fica rubro quando nos encabulamos. Estou agora querendo perguntar o que não tive coragem de indagar quando estudante. Impossível imaginar-me na graduação, num seminário sobre George Eliot, juntando toda a coragem para questionar: "Por que *Middlemarch** é tão longo?"

A razão mais simples para a falta de economia de palavras de Adam Smith é justamente econômica. Quando se publicou originalmente *A riqueza*, o preço do livro foi uma libra e 16 xelins. Segundo estimativa do próprio Smith, na época, os "salários comuns do trabalho"[1] eram de dez xelins por semana. Os consumidores, mesmo os abastados, leitores de sofisticados artigos intelectuais, costumam exigir que os produtos tenham bom peso. Tentem levantar a *apologia pro vita sua* de Bill Clinton, que na verdade poderia ser resumida em apenas umas poucas palavras bem escolhidas.

Publicado pelo Cato Institute em 1997, *The Libertarian Reader* fez exatamente isso por Adam Smith: apresentou os

* Romance de George Eliot, pseudônimo da escritora inglesa Mary Ann Evans (1819-90). (N.T.)

pontos essenciais da *Riqueza* em sete páginas e meia de excertos. Quando David Boaz, vice-presidente executivo do Cato e editor do *Reader* estava escrevendo a introdução, numa frase de efeito, declarou que cada obra original ali sintetizada poderia ser apreciada como se estivesse em sua totalidade. "Não, não, não; com *A riqueza das nações* não!", protestou Tom Palmer, membro graduado do Cato e especialista em Adam Smith.

O gênio de Smith foi estabelecer a economia como disciplina científica, distinta da desgovernada confusão dos universos mental e material que encontramos na economia real. Não é preciso, porém, nenhum grande fato econômico para que qualquer outra disciplina venha confundir a cabeça. Pensem no envolvimento de psicologia, sociologia, ciência política e engenharia mecânica quando descobrimos que nosso filho de cinco anos saiu da Wal-Mart levando um "Meu querido poney" sem pagar. Adam Smith — tanto quanto eu e meu menino em prantos — só queria desviar-se dos tópicos estritamente econômicos. E aqui o vemos agora, mais de 230 anos depois de si mesmo, referindo-se aos motivos pelos quais Angelina Jolie pôde juntar tão absurda quantidade de dinheiro:

> Existem alguns belos e apreciáveis talentos que provocam uma espécie de admiração em relação àqueles que os possuem; mas o exercício desses talentos por amor ao lucro é considerado ... uma espécie de prostituição pública. ... Os honorários exorbitantes pagos a atores, cantores de ópera, dançarinos de ópera etc. estão fundados na ... raridade e beleza dos talentos, e na desconfiança de os empregar.[2]

É esse tipo de coisa que faz com que mereçam ser lidas as 892 páginas e meia da *Riqueza* não incluídas no *Libertarian Reader*.

Ou, melhor, algumas delas. Tom Palmer não está errado quanto aos prejuízos da não leitura minuciosa da *Riqueza*. Nem todos os apartes de Smith envolvem dançarinos de ópera fazendo piruetas, presumivelmente em trajes sumários, ao som da música de Monteverdi. Há, por exemplo, a "Digressão (de 67 páginas) sobre as variações do valor da prata no decurso dos quatro últimos séculos", em que o trabalho do pequeno proprietário livre pretende invalidar a idéia de que determinada mercadoria tem valor fixo ou o valor que preferíamos que tivesse. Para quem não está interessado na historiografia da provisão da moeda, porém, ler aquilo equivale a ler *Modern Maturity** em urdu.

A própria grandiosidade do tema pode ter inibido o desejo de Smith de fazer alguns cortes. E aos 53 anos, sabendo-se doente quando *A riqueza das nações* foi publicada, pode ter suposto que não escreveria outro livro. E de fato não escreveu. Tom Palmer chama isso de "efeito ralo de cozinha: tinha muita coisa para dizer, e aquela era sua grande oportunidade".

O século XVIII foi a época da clareza de expressão — uma pausa entre a ornamentada tolice que aconteceu antes e a romântica tagarelice que viria depois. O estilo do Iluminismo, porém, embora claro, era muito vago. Uma digressão, caso parecesse válida, nao era considerada distração, mas algo semelhante ao pensamento das mães do século XXI que são pa-

* Revista de grande circulação mundial, para público acima dos 50 anos. (N.T.)

ralelamente profissionais de carreira, a respeito das múltiplas tarefas. E o ritmo da leitura era mais ocioso no século XVIII, quando não havia muita coisa na TV...

Edmund Burke, que sabia desviar-se de um tema com grande talento, em carta a Adam Smith observou: "O senhor é em alguns trechos o que o sr. Locke é na maioria deles: um pouco vago, acredito. Esse defeito, entretanto, é de tipo generoso e infinitamente preferível à maneira seca a estéril dos que têm uma obtusa imaginação."[3]

A capacidade de ler, de modo geral, era algo relativamente novo nos tempos de Smith, e o estilo seco e árido dos textos modernos de economia ainda estava para ser devidamente criado. A palavra impressa era parente próxima da palavra falada. E falar ainda era fonte de entretenimento. Hoje nenhum Guia Verde Michelin* daria uma estrela a mais para o restaurante que agilizasse seus serviços oferecendo refeições de cinco pratos em apenas 20 minutos. Pela mesma razão, os falantes do século XVIII — e por extensão os escritores — não eram elogiados por sua concisão. Esta pode ser a alma da sabedoria. *A riqueza das nações*, por sua vez, não é uma brincadeira. De qualquer modo, o uso da concisão é moda mais recente. O discurso de Lincoln em Gettysburg** teve morna resposta local. E os tipos sub e semiletrados ainda apreciam

---

* Criados em 1900 por André Michelin (industrial francês co-fundador da famosa companhia de pneus) para estimular, por meio do turismo, a indústria automobilística, esses guias se dividem em vermelhos (respeitadíssima e temível classificação de hotéis e restaurantes) e verdes, que priorizam os aspectos naturais e culturais das regiões focalizadas. (N.T.)

** Discurso de menos de dois minutos, quatro meses depois de ganhar a batalha de Gettysburg (Pensilvânia), determinante para o resultado da Guerra da Secessão. (N.T.)

a verborragia que os confunde nas rádios AM — ou a de Hugo Chávez, na Venezuela.

Smith era um orador experiente. Começou sua carreira em Edimburgo, recebendo por palestras sobre aprimoramento intelectual. Passou 13 anos fazendo conferências na Universidade de Glasgow, como professor de lógica e depois de filosofia moral. E palestra era o que ele sabia fazer. Na década de 1760 os professores não ficavam apenas lançando perguntas abertas à discussão em classe e comentando depois: "Aprendo mais com meus alunos que eles comigo." Como a forma segue a função, Smith aderiu à regra de todos os adeptos do ensino: anunciar sempre o que irá dizer, o que está dizendo e o que já disse.

Segundo John Millar, aluno seu e que depois também se tornou professor e lecionou em Glasgow, o discurso de Smith "era simples e natural. ... À medida que ele prosseguia, entretanto, os gestos se tornavam mais calorosos e animados, e as expressões fluentes e desapressadas".[4] Ora, como diríamos hoje, ele falava pelos cotovelos. Mais propriamente, poderíamos dizer que era prolixo. As palestras de Smith em Glasgow só foram preservadas por reminiscências e dois conjuntos incompletos de anotações de alunos, mas há evidências de que enquanto falava já ia organizando suas idéias para *A riqueza das nações*. A prolixidade formal estendia-se às conversas particulares. Um amigo seu relata: "Muitas vezes eu lhe disse, depois de meia hora de conversa: 'Sir, o senhor já falou o suficiente para publicar um livro.'"[5] Nesse sentido, o livro que Smith acabou publicando pode ser lido como transcrição de alguma gravação do FBI, à exceção, porém, da presença de pensamentos profundos e da ausência de palavrões.

"Falou o suficiente para publicar um livro" também é comentário adequado, pois muito provavelmente Smith ditou o texto da *Riqueza das nações*. Ele alegaria que escrever a mão era tarefa muito lenta e árdua, e testemunho de sua crença são os poucos textos manuscritos que deixou, bem como costumeiro atraso nas respostas de sua correspondência pessoal. A natural verborragia e a opção por ditar podem ter aumentado o tamanho da *Riqueza*, o que, entretanto, não devemos lamentar — a maioria dos escritores fala demais e em geral gasta seu possível brilhantismo falando, e não escrevendo. A excelência de Smith está intacta no papel, em contraste com a de Samuel Johnson,* que exige recorrer àquele puxa-saco do Boswell** para se ter idéia do vívido discurso do dr. Johnson, não tão bem explicitado em sua prosa e poesia, às vezes maçante.

Outra razão para a natureza tão extensa da *Riqueza* é o esforço jamesiano*** de Smith em qualificar suas declarações, a fim de garantir a precisão do significado. É claro que ele estava lidando com a realidade, e não com os recorrentes resmungos da velha governanta de um homem endinheirado a respeito da frescura dos ricos entediados. Além disso, as frases são longas; quando, porém, se chega ao final de uma frase de Adam Smith, é porque seu sentido foi efetivamente alcançado. Por exemplo, essa passagem da mencionada di-

---

* Escritor inglês, contemporâneo de Adam Smith, autor de romances, ensaios e do *Dicionário da língua inglesa* (1755). (N.T.)

** Advogado e escritor escocês, autor de uma biografia de Samuel Johnson. (N.T.)

*** Exageradamente pragmático, empírico, em referência ao filósofo norte-americano William James (1842-1910). (N.T.)

gressão, sobre a prata, "O trabalho, não se deve esquecer, e não qualquer mercadoria ou conjunto de mercadorias em especial, constitui a medida real do valor, tanto da prata como de todas as outras mercadorias",[6] poderia ser rigorosamente condensada assim: "O trabalho ... constitui a medida real do... valor."

Nas citações de Adam Smith, o sinal "..." refere-se às vezes ao que ele disse de mais expressivo. É possível que justamente uma dessas graves supressões na *Riqueza das nações* tenha enlouquecido Karl Marx. Deve-se observar, ao ler alguma afirmação original de Smith, que ali não se criou nenhuma relevante teoria marxista sobre "a teoria do valor trabalho". Até porque, 300 páginas adiante, Smith retoma o mesmo tipo de argumento a respeito dos grãos: "O valor real de qualquer outra mercadoria é finalmente medido e determinado pelo ... preço médio do trigo em dinheiro."[7] Smith sustenta, portanto, que o trabalho (ou algo equivalente, assim como o pão nosso de cada dia) fornece um índice sensato para determinar o quanto valem as coisas para nós. Decidir, por exemplo, se vamos aparar a grama ou se é melhor pagar ao menino da casa ao lado para fazê-lo — o que se pode desenvolver nas probabilidades de, na hora do lanche, ele vir a devorar tudo o que temos em casa; ou de repente passar o cortador de grama em seus pés e nos processar, e nesse caso vamos precisar de um segundo emprego só para pagar as contas do processo — é coisa que todo mundo vive fazendo, o tempo todo. Marxismo, como tantos regimes marxistas já descobriram, é coisa que ninguém jamais fará — se puder evitar (a propósito, se a teoria do valor trabalho fosse verdadeira, certas crianças seriam ainda mais desvalorizadas).

O trabalho que se aplica numa leitura minuciosa da *Riqueza das nações* é compensado pela cuidadosa inteligência da escrita. E o leitor descobre outro valor, algo que jamais foi sequer insinuado pelos economistas ou pela academia: o senso de humor de Smith. Aqui vemos Adam Smith derrubando a idéia de que uma nação deve evitar a importação de bens de consumo e, em vez disso, agarrar-se às moedas de ouro e prata, porque o valor do dinheiro é duradouro:

> Alega-se que os bens de consumo logo perecem, enquanto o ouro e a prata são de natureza mais durável e, não fora a exportação contínua, poderiam ser acumulados durante gerações inteiras, aumentando assim incrivelmente a riqueza real do país. Por conseguinte, afirma-se, nada poderia ser mais prejudicial a um país que o comércio que consista na troca desses bens tão duráveis por mercadorias tão perecíveis. Entretanto, não consideramos desvantajoso o comércio que consista na troca de ferragens inglesas pelos vinhos franceses; esses produtos metalúrgicos, contudo, constituem mercadoria de durabilidade muito grande, e não fora sua exportação contínua, também eles poderiam ser acumulados durante gerações seguidas, aumentando assim incrivelmente o número de panelas e caçarolas no país.[8]

Nem sempre, porém, nosso trabalho de ler *A riqueza* é compensado; por exemplo, quando avançamos com dificuldade ao longo da delimitação de seu campo de pensamento. Fica especialmente difícil quando Smith, o solitário pioneiro, está desbravando as vastas pradarias incultas da econometria. Quase não existia nada semelhante a uma estatística confiável no século XVIII, e seguramente nenhum conjunto que remontasse décadas atrás. À força de prodigiosas leituras e longa correspondência, Smith pôde obter números que confirmassem suas teorias. Mas cada número desses demandava cuidadosa avaliação quanto a sua qualidade e real serventia. E temos de permanecer atentos, a seu lado, enquanto ele vai escolhendo cada maçã e cada laranja como a mais exigente mãe judia na pior vendinha de esquina do mundo.

Em seguida, ele submeteu seus dados numéricos a uma análise descritiva sem a única coisa de que precisava para tanto: os gráficos. As primeiras representações gráficas úteis da estatística foram elaboradas em 1786, pelo economista escocês William Playfair, colega de Adam Smith, ainda a tempo de sua última revisão da *Riqueza*. Adam Smith conhecia pessoalmente Playfair, que era irmão mais moço de um amigo seu muito chegado. Infelizmente um gênio costuma não reconhecer outro. E com eles não foi diferente. Sobre a economia de William Playfair, Jeremy Bentham* comentou: "Nove décimos de tudo aquilo é pura garatuja ruim."[9] Como pensador, e não como escritor, Playfair era mero principiante; ainda assim, seria desejável que Smith tivesse dispensado atenção ao rapaz. Centenas de páginas da *Riqueza das nações* em que os leitores costumam apenas passar os olhos poderiam ter sido condensadas em algumas daquelas que os leitores costumam pular inteiras.

Além dos gráficos, Smith também não dispunha de jargão. A economia era muito nova ainda para ter desenvolvido sua própria algaravia marginal. Quando Adam Smith era incompreensível, ele não dispunha do luxo dos termos técnicos bre-

---

* Filósofo e jurisconsulto inglês que viveu na segunda metade do século XVIII a meados do XIX e cujos princípios deram origem ao utilitarismo, base ideológica do radicalismo político inglês. (N.T.)

ves e bruscos, uma espécie de estenografia para a incoerência; tinha de continuar falando até que o assunto (bem como a paciência do leitor) se esgotasse.

O livro seria longo de qualquer maneira. O Iluminismo tira seu nome do que poderia parecer um momento de desenho animado na história intelectual. Lâmpadas acesas (embora naquele tempo elas ainda não existissem) teriam surgido sobre a cabeça de pessoas como Adam Smith quando se deram conta de que o mundo físico não era uma divina escuridão, só apreensível por meio da oração e da contemplação sagrada. Em outras palavras, deram-se conta de que não olhar as coisas não era o melhor método de olhar as coisas. Caso se iluminasse a engrenagem da natureza com um pouco de observação e reflexão, seria possível entender seu funcionamento. O Universo era explicável, e os pensadores do Iluminismo — a força motora, afinal — o iriam explicar.

O inexplicável, no entanto, tem seus prazeres, assim como as explicações, seus sofrimentos. Tomemos como exemplo dois temas de Adam Smith já mencionados: (1) o dinheiro não tem valor objetivo; e (2) o dinheiro é mera notação de um valor subjetivo, pois, quando duas pessoas trocam bens, ficam ambas com a melhor parte do negócio. Não que nós, que recebemos essa explicação, sejamos idiotas, mas qualquer diretor executivo superbem remunerado já tentou nos convencer da primeira afirmação, e todo comerciante de automóveis aplica a segunda quando lhe propomos dar nosso carro como entrada na compra de um novo.

Todas as explicações começam resumidas, mas logo Smith se enreda em esclarecimentos, presa do intelectualismo, assim como Pafúncio* subindo sorrateiramente a escada às três da madrugada, em meio a inesgotáveis explicações, enquanto nós, os leitores instalados na mansarda da compreensão, parecemos Belinda, a ofendida esposa, que aguarda no segundo andar, de braços cruzados e batendo o pezinho.

Todas as explicações começam resumidas, à exceção, é claro, dos mandados judiciais.** *A riqueza das nações* é uma delas. Afinal Adam Smith estava dirigindo uma acusação de 900 páginas contra o sistema mercantilista. O mercantilismo era a teoria econômica dominante na época, se é que se pode chamar aquilo de teoria; de fato, tratava-se de um verdadeiro caos de regulamentos comerciais e políticas de taxas e tarifas resultantes de interesses políticos específicos, do desprezível tráfico de influências e da assistência mútua de grupos parlamentares, tudo misturado à generalizada falta de compreensão dos conceitos de dinheiro, fluxo de capital e finanças governamentais. Os mercantilistas sustentavam que a forma de se fazer uma nação ficar rica era aumentar suas exportações e limitar as importações. Para ilustrar o caso de Smith contra o mercantilismo de modo conciso, digamos que as importações são a manha de Natal, e as exportações, a conta de janeiro do cartão de crédito.

Na *Riqueza das nações*, os acusados são todos os poderosos do mundo, os políticos e os ricos comerciantes, como também jurados, juízes e os oficiais da corte. Surpreendentemente, a absolvição dos mercantilistas não foi imediata. William Pitt, o

* Personagem da história em quadrinhos Blondie dos cartunistas Dean Young e John Marshall. (N.T.)

** Jogo de palavras com *brief* que tanto significa resumo como mandado judicial. (N.T.)

jovem, primeiro-ministro durante os últimos anos de vida de Smith, aceitou as evidências e instituiu algumas reformas sugeridas na *Riqueza*. O que seu contemporâneo Alexander Hamilton, arquiteto do protecionismo norte-americano, não fez. Mais de dois séculos depois da publicação da *Riqueza* — graças aos neomercantilistas que governam a China, à resistência à globalização em todo o mundo e ao ocasional apedrejamento de alguma *Starbucks** por não promover o "desenvolvimento sustentável" entre os cafeicultores — sua tese ainda não foi aceita.

Adam Smith, entrementes, continua a testemunhar. *A riqueza das nações* é mais que explicação, análise ou argumentação. É um sermão. E um sermão do tipo enxofre e fogo do inferno. Smith notabilizou-se por supostamente ser a favor do *laissez-faire* (expressão que aparece mais de uma vez em seu trabalho) e alegadamente confiar na "mão invisível" do progresso capitalista. Mas ele sabe que essa mão pode dominar: "As pessoas do mesmo ramo comercial se reúnem, ... suas conversas, porém, sempre acabam em conspiração contra o público."[10]

Ele se deu conta de que uma economia amplamente próspera e orientada para o consumidor não iria modificar a natureza humana. "O orgulho do homem faz com que ele goste de dominar, e nada o mortifica tanto quanto ser obrigado a condescender em persuadir os inferiores."[11] Honestamente, é assim que nos sentimos ao pedir que nos paguem pelo fornecimento de nossos serviços ou mercadorias.

---

* Multinacional com sede em Seattle, no estado de Washington, responsável pela maior rede de cafeterias do mundo. (N.T.)

Smith acreditava efetivamente que os mercados livres poderiam melhorar o mundo. Certa ocasião declarou, num artigo dirigido a uma sociedade culta, que o progresso demandava "pouco mais ... que paz, taxas confortáveis e uma tolerável administração da justiça".[12] Essas eram então — e ainda são — as três coisas menos encontráveis no mundo.

Ele pregava contra a carga gravitacional de poder e privilégio que, a qualquer oportunidade, se abate sobre as nossas vidas. *A riqueza das nações* é o inflexível baluarte de uma homilia sobre a liberdade e a empresa honesta — que prossegue e continua em cantilena. Os sermões, porém, precisam realmente durar muito, pelas mesmas razões por que as paredes também precisam durar. A parede não tenta modificar a mentalidade do telhado quanto à sua tendência a desabar sobre nós.

| 3 |

A teoria dos sentimentos morais

Nas cavalariças de Augias* da condição humana, Adam Smith tenta faxinar as baias

O subtítulo oculto desta coleção dos livros que mudaram o mundo é "As obras que, admitamos, jamais lemos na íntegra". William Kristol, editor do *Weekly Standard* e de erudição bem maior que a minha, tem ótimo comentário a respeito desses títulos: costuma dizer que "leu *n*eles". Por sorte podemos fazer isso também com *A riqueza das nações*; existe, porém, o primeiro livro de Adam Smith — que definitivamente nós não lemos. E, por falta de sorte, é impossível compreender *A riqueza* sem ter compreendido *A teoria dos sentimentos morais*, publicado em 1759.

Adam Smith dedicou a maior parte de sua carreira a um projeto filosófico único: melhorar nossa vida. Um leitor moderno — ou um leitor moderno que não use sandálias

* Personagem da mitologia, protagonista de um dos episódios da série de 12 trabalhos realizados por Hércules. (N.T.)

Birkenstock* — seria tentado a rir. É, de fato, tarefa grande e hilária. Muita gente como nós, porém, já empreendeu tarefas grandes e hilárias, como, por exemplo, educar filhos. Costumamos ser atraídos para tal empresa pelos, digamos, prazeres da concepção. Recomeços são sempre muito divertidos. E Smith estava intelectualmente na cama com a virgem idéia de aprimorar a vida. Era tão fascinante, no século XVIII, a perspectiva de fazer em bloco os melhoramentos na vida comum quanto é hoje a de torná-la mais simples e menos estressante, e de poder bloquear os spams na internet.

Smith se dispôs a avaliar como surgem os sistemas de moralidade, economia e governo, bem como, compreendendo seu funcionamento, as pessoas poderiam melhorar suas condições éticas, materiais e políticas — esplêndida oportunidade "de aparecer". Imagine um pensador recente — Herbert Marcuse, Newt Gingrich,** Al Franken,*** por exemplo — embarcando em algo parecido. Felizmente, Adam Smith tinha a bossa do Iluminismo para apresentar pensamentos profundos sem nos arrasar. Seu segredo era manter-se idealista sem se permitir tão impertinente e aborrecido, passo seguinte para se tornar visionário. Embora não se gabasse de possuir um "esquema para a sociedade", supunha efetivamente que os incompetentes e ignorantes construtores da sociedade — ele

* Sandália anatômica de fabricação alemã, popularizada na década de 1960 como calçado ecológico pelos materiais de que era feita: cortiça (no solado), látex e camurça. (N.T.)

** Político republicano conservador, representante da Geórgia, de grande atuação no Congresso norte-americano, quando foi presidente da Câmara (1995-99). (N.T.)

*** Comediante, escritor, comentarista político, autor de "mentiras e os mentirosos que mentem". (N.T.)

e todos nós —, de qualquer modo, não seriam capazes de seguir qualquer esquema. "Esperar, aliás", refletiu na *Riqueza*, "que a liberdade de comércio seja inteiramente restaurada na Grã-Bretanha é tão absurdo quanto desejar que uma Oceana ou uma Utopia sejam ali instaladas."[1]

Smith selecionou suas despropositadas comparações de olho nos Newt Gingrich e nas posições demasiadamente visionárias, anteriores ao Iluminismo. Utopia é ilha inventada no século XVI por Thomas More, em que as pessoas viviam comunalmente, partilhando toda e qualquer propriedade. O nome derivava de trocadilho com as palavras gregas *eutopos* e *outopos*, "um bom lugar" e "nenhum lugar". Oceana é lugar semelhante, criado 100 anos mais tarde por James Harrington, que propôs medidas sociais ainda mais improváveis, como a eliminação dos subsídios agrícolas para os agricultores ricos e os limites de prazos. A undécima edição da *Encyclopaedia Britannica* rotula o livro de Harrington, *Oceana*, como "irremediavelmente monótono".

Isso os textos de Adam Smith nunca são. No Livro 3 da *Riqueza das nações* há uma passagem de 20 páginas sobre as leis do trigo, cuja leitura é uma verdadeira provação. No final, porém, a então evadida atenção do leitor é resgatada graças à sedutora humildade de Smith ao postular seu ideal. Em sua denúncia das leis do trigo — a proibição britânica de exportar grãos — como grosseira injustiça (o que efetivamente eles se provaram, quando, 70 anos depois, fizeram minha família, originária de Rosscommon, passar fome), Smith *não* adota o costumeiro palavrório de quem hoje se sente, um tanto obviamente, dono da verdade. Em vez disso — pensando nas inevitáveis tolices da política — ele chega a esta humilde conclusão: "Podemos talvez dizer a repeito [dessas leis] o que se disse sobre as leis de Sólon: que embora não sejam as melhores em si mesmas [são] o melhor que os interesses, os preconceitos e a disposição da época poderiam admitir."[2]

Sem essa humildade, ler o projeto filosófico de Adam Smith seria tão penoso quanto viver na Coréia do Norte — o projeto filosófico de Kim Jong II.* A humilde atitude de Smith ia além do ideal, envolvendo as próprias idéias e até seu *amour propre*. Num ensaio anterior — "A história da astronomia" — Smith registrara que "tentava representar todos os sistemas filosóficos como meras invenções da imaginação a fim de conectar os dispersos e discordantes fenômenos da natureza".[3] E ele continuou a se censurar por concordar demasiadamente com a física de sir Isaac Newton, fazendo "uso de uma linguagem que expressava [os seus] princípios de conexão ... como se eles fossem os verdadeiros elos com que a natureza acopla suas diversas engrenagens".[4] Foi preciso literalmente um Einstein para demonstrar o quanto Smith estava correto.

Adam Smith pretendia publicar três "invenções da imaginação": *A teoria dos sentimentos morais*, *A riqueza das nações* e uma terceira obra sobre jurisprudência — isto é, sobre as conexões mais inventivas e criativas: lei e governo — que, entretanto, jamais foi concluída; pouco antes de morrer, ele mandou queimar suas anotações e primeiros esboços. Talvez tenha agido acertadamente, pois muitas de suas idéias sobre lei e governo transparecem na *Teoria* e *A riqueza*, e as anotações dos estudantes em suas palestras sobre jurisprudência na

---

* Líder da Coréia do Norte, onde é chamado de Querido Líder, substituiu o pai, conhecido como Grande Líder, praticando o comunismo nos moldes de Stálin. (N.T.)

década de 1760 pouco acrescentam ao conjunto de seu pensamento. Rendamo-nos a sua sabedoria superior. Fazer o bem e fazer bem-feito está de bom tamanho para nós; ser obrigado, além disso, a ouvir discursos eleitorais, contribuir com campanhas e votar em loucos é pedir demais. Como o próprio Smith declarou em *A teoria dos sentimentos morais*: "Muitas vezes cumprir todas as regras da justiça simplesmente sentando-nos quietos, sem nada fazer."[5]

E é graças a um certo modo de ficar quieto sem nada fazer que, segundo *A teoria dos sentimentos morais*, aflora o nosso sentido de certo e errado. A principal invenção de nossa imaginação é a moralidade.

Adam Smith começa *A teoria* com uma charada sobre aquilo de que depende todo o nosso bem-estar: "Por mais egoísta que possa ser um homem, existem sempre alguns princípios em sua natureza que o fazem interessar-se pela sorte dos outros e tornar necessária a si a felicidade deles, mesmo que nada ganhe com isso."[6] A raiz desses princípios, segundo Smith, é a solidariedade. Somos criaturas solidárias. Possuímos uma emoção que os cínicos não podem rotular como cobiça nem como respeito. E também não é amor. Podemos amar sem qualquer sentimento de companheirismo, do jeito, aliás, que John Hinckley* "provou seu amor" por Jodie Foster.

A solidariedade nos faz capazes e ávidos de compartilhar os sentimentos de gente que absolutamente não ama-

---

* John Hinckley, em 1981, atirou no então presidente norte-americano Ronald Reagan, segundo declaração sua, para chamar a atenção da atriz Jodie Foster, por quem se apaixonara ao assistir o filme *Taxi Driver*, de Martin Scorcese. (N.T.)

mos; mas compartilhamos seus sentimentos, tanto os ruins como também os bons. Gastamos horas diante da televisão nos compadecendo das mágoas de gente que nos é perfeitamente estranha. E ficamos tão ávidos de compartilhar nossos sentimentos mais triviais que, segundo Smith: "Ficamos até mal humorados quando algum companheiro ri de uma piada com mais vontade ou por mais tempo do que julgamos que ela merece."[7]

Essa solidariedade, afirmava Smith, é completamente arbitrária e não, como a maioria das emoções, produto de nossos sentidos. Não importa o nível de solidariedade envolvida numa situação, não podemos sentir a dor do outro. Em réplica a um futuro presidente dos Estados Unidos, Smith usou o exemplo de ver nosso irmão sendo torturado (ainda que o irmão de Roger Clinton pudesse ter escolhido um caso de solidariedade mais emocionante). "Nossos sentidos", declarou Smith, "jamais nos levaram ou poderão levar além de nossa própria pessoa."[8] É nossa imaginação que gera a solidariedade e lhe atribui poder.

Todo mundo tem a habilidade de se colocar no lugar do outro e de imaginar o que ele está sentindo. Até pessoas muito superficiais e frívolas possuem essa habilidade, e nós denominamos essas pessoas de atores.

A solidariedade em si mesma — seja por seres humanos, animais ou Clintons — não pode, entretanto, ser a base de um sistema moral, ou alguém que passasse o dia inteiro diante da TV seria considerado santo. "Ele não deve se satisfazer com a benevolência indolente", escreveu Smith, "nem se imaginar amigo da humanidade só porque em seu coração deseja muito a prosperidade do mundo."[9]

Se a imaginação funciona para nos mostrar como o outro se sente, tem de ir além e nos mostrar se o que o outro sente é correto ou não; sem esquecer a questão de estarmos *nós* ou não com a razão. Sempre haveremos de sentir absoluta empatia por nós mesmos. "Não estamos predispostos a suspeitar de que alguém seja egoísta", escreveu Smith. "Esse é, inevitavelmente, o lado fraco da natureza humana."[10] A moralidade não pode ser um mero feixe de bons sentimentos, ou bastaria tomar um comprimido para se tornar moral.

Nossa imaginação deve assumir a tarefa adicional de criar um método para tornar decentes os julgamentos de nossos sentimentos e dos sentimentos dos outros, bem como das ações decorrentes desses sentimentos. Adam Smith personificou esses criativos julgamentos conscientes e batizou o magistrado moral de nosso cérebro de "Espectador Imparcial". Talvez este tenha sido um astucioso estímulo para os ensaios de Joseph Addison e de Richard Steele relativos a *Spectator*, no início do século XVIII, em que o "sr. Espectador" declarava timidamente não ter "nenhuma participação prática na vida" — o que teria correspondido a declaração equivalente feita por Oprah Winfrey. Com o Espectador Imparcial, Smith anteviu, na verdade, nossos contemporâneos apresentadores de programas diários de TV espalhando solidariedade em todas as direções e agindo de fato como seus árbitros. Tecnologicamente, é óbvio, ele era prematuro. A própria Oprah teria de esperar que a divisão do trabalho se desenvolvesse a ponto de termos especialistas em criar para nós nossa própria imaginação.

O Espectador Imparcial produziu espetáculo para uma época mais séria: "Hoje apresentaremos filósofos utilitários sofrendo de embasbacamento cristão!" *A teoria dos sentimentos morais* seria um programa diário de TV, se a Public Broadcasting Service produzisse programas diários para apresentadores do tipo Bill Moyers, mas inteligentes.

O apresentador teria de ser no mínimo tão inteligente como Sigmund Freud. Smith também descreveu, muito antes de Freud, e de forma mais astuta, a operação do superego, dando-lhe um nome que não soava como o desses heróis de histórias em quadrinhos. E relacionou nossa consciência a atributos mais nobres e razoáveis que aqueles que levam um cão Schnauzer miniatura a corcovear em nossa perna.

Podemos imaginar o Espectador Imparcial com perfeito conhecimento da situação, da experiência e intenções de todo o mundo. E, porque é imaginário e não tem ego, não tem também interesse egoísta em qualquer julgamento que fizer. Smith declarou que o que fazemos, ao desenvolver a moralidade, é modelar nossa solidariedade natural pelos pensamentos e ações que esperamos de um Espectador Imparcial, que é solidário, porém objetivo, e omnisciente (e, ainda assim, se mantém solidário).

"Se nossos sentimentos passivos são quase sempre tão sórdidos e egoístas, como é possível", pergunta Smith, "que freqüentemente nossos princípios ativos sejam tão generosos e nobres?"[11] A resposta é: "O habitante do nosso íntimo, ... o grande juiz e árbitro de nossa conduta."[12] Olhar as coisas do ponto de vista do Espectador Imparcial nos ensina a autodisciplina emocional de que necessitamos para nos comportar pelo menos toleravelmente bem. Observemos como se comportam os bebês aprendendo a andar e os bêbados que ainda não receberam ou temporariamente esqueceram as instruções.

Graças a nossa criativa solidariedade, ficamos felizes quando o outro está feliz e tristes quando ele está triste, e desejamos que ele sinta algo semelhante em relação a nós. Esse engajamento emocional, entretanto, é muito trabalhoso. Temos de cutucar nossa imaginação para nos colocar no lugar de alguém que experimenta sensações mais fortes do que as que podemos suportar — e lamentarmos a morte do cãozinho de nosso amigo, aquele Schnauzer velho, cretino e tarado por pernas. Temos de controlar nossas emoções quando alguém não experimenta sensações semelhantes às nossas — e, sorrindo educadamente, puxamos a velha cadeira do Schnauzer para sentar em cima de seu último pipi.

De acordo com Adam Smith, o "homem sábio e virtuoso" usa sua imaginação para criar "a idéia exata de propriedade e perfeição". Isso é "formado gradualmente, a partir de suas observações a respeito do caráter e da conduta, tanto dele quanto de seus semelhantes. Trata-se do lento, gradual e progressivo trabalho do grande semideus interior".[13] Se, escreveu Smith, o Espectador Imparcial não se houvesse esforçado para nos ensinar "a proteger os fracos, dominar os violentos e punir os culpados",[14] "entrar numa assembléia de homens seria como entrar num covil de leões".[15] Ou como um bebê ou um bêbado procurando se equilibrar. Seria, enfim, como entrar no cenário de um programa diário de TV ou sentar na cadeira de um falecido Schnauzer.

O fato de Adam Smith reconhecer o papel primordial da imaginação no pensamento moral revela várias coisas sobre a moralidade. A moral é resultado de esforço. O percurso do comportamento moral não equivale a um conhecimento arquetípico, que pode ser adquirido pela leitura de textos esotéricos ou de auto-ajuda como *Quem mexeu no meu queijo?*, e, por isso mesmo, a moralidade não pode ser apreendida por uma leitura literal da Bíblia. Smith mostrou que "O Decálogo recomenda-nos honrar nossos pais e mães. Não faz, porém, menção a amarmos nossos filhos".[16] Deus não incluiu esse mandamento porque não nos considera uns imbecis sem imaginação. Nossa solidariedade por nossos filhos deve acontecer naturalmente. Por outro lado, nossa solidariedade com nossos pais... Você visitou mamãe no asilo? Ou essa era a minha vez de ir?

Imaginar coisas é trabalhar. A imaginação que Adam Smith descreve não é aquela fácil e fantástica que impingimos a nossos filhos, a quem, supostamente, dedicamos total solidariedade. Não há nada na *Teoria dos sentimentos morais* que se assemelhe àqueles inacreditáveis tiranossauros vegetarianos, de colorido ainda mais inacreditável, que freqüentam a televisão das crianças. Ficar cantando "Barney também pode ser seu amigo/ Basta você acreditar nele"* no máximo nos leva a bocejar, tal como *Oceana*. Dizem que Kim Jong II é fã ardoroso de cinema e que provavelmente leva a fantástica vida imaginativa compatível com as grandes coleções de DVDs.**

A que Smith descreve é a enérgica imaginação de um Einstein ou de um Newton, com toda a carga de disciplina que isso implica. "O autocontrole não é em si uma grande virtude, porém dele todas as demais virtudes parecem derivar seu principal brilho", escreve Smith.[17] E "não existe virtude no nível comum da moral. Virtude é excelência".[18]

---

* Barney é um dinossauro personagem de programa infantil da televisão norte-americana. (N.T.)

** Há informações a respeito de uma coleção de 20 mil DVDs que o líder coreano possuiria e que incluiria todos os filmes de James Bond. (N.T.)

Esse árduo e criativo trabalho realizado pela imaginação atrela solidariedade moral, tema central da *Teoria dos sentimentos morais*, à cooperação material, âmago da *Riqueza das nações*. É também pelo esforço criativo da imaginação que se divide o trabalho e se conduz o comércio. Solidariedade e cooperação correspondem aos aspectos mais e menos conscientes daquilo que viabiliza uma civilização. E são os "princípios em sua natureza" "que fazem [o homem] interessar-se pela sorte do outro".

Isso se aplica a este homem. Tenho certa consciência durante um tranqüilo final de semana em casa com minha família; no escritório, na segunda-feira de manhã, sou completamente inconsciente.

Smith percebeu o potencial moral tanto em nosso interesse pelos outros quanto em nosso interesse próprio. Quando damos uma garrafa de uísque de presente, sabemos que beneficiamos mais alguém; quando, porém, a família nos aborrece ao longo do final de semana, e bebemos nós mesmos aquela garrafa de uísque, também beneficiamos mais alguém: o produtor do uísque, o engarrafador, o comerciante de quem o comprei... Não nos damos conta disso na segunda-feira porque estamos nos sentindo incoerentes e dissonantes, a menos que trabalhemos em "invenções da imaginação para relacionar incoerentes e dissonantes os fenômenos da natureza". O aparato do benefício não intencional foi o que Smith quis dizer com a "mão invisível", conceito que apresentou pela primeira vez na *Teoria dos sentimentos morais*.[19]

Se não cumprirmos a difícil tarefa que a solidariedade imaginativa exige, colocamo-nos no que Smith chamou de "o pior e mais abjeto de todos os estados, a completa insensibilidade à honra e à infâmia, ao vício e à virtude".[20] Os vilões são imaginativos na fantasia do público. Os escândalos corporativos dos últimos anos podem parecer planos altamente criativos e originais de gênios voltados para o mal. Mas quando as nebulosidades em contas e finanças são afastadas, revela-se mão muito prosaica na gaveta da máquina registradora.

Policiais, promotores, donos de bar, chefes de família e quem quer que já tenha visto erros cometidos em grande escala podem atestar a caracterização do comportamento de Adolf Eichmann feita por Hannah Arendt: a "banalidade do mal". A banalidade é o maior componente do pensamento criminoso — tanto entre vigaristas e idiotas quanto entre nazistas de alto escalão.

Ler *A riqueza das nações* como justificativa para a cobiça amoral é equivocado, pois se trata de mais uma tentativa de Adam Smith para tornar a vida melhor. Na *Teoria dos sentimentos morais* ele registrou: "Amar nosso próximo assim como amamos a nós mesmos é a grande lei do cristianismo."[21] Observem, porém, a comparação usada por Cristo e citada por Smith — *A teoria dos sentimentos morais* é sobre nosso próximo; *A riqueza das nações*, sobre o outro lado da equação: nós mesmos.

No nível mais elevado da divindade existe, aparentemente, o pressuposto de que devemos cuidar de nós mesmos. E, é lógico, precisamos fazer isso. Na *Teoria*, Smith, parafraseando Zenão, enfatizou que cada um de nós "é orientado, antes de tudo e principalmente, para o cuidado próprio"[22] e "agraciado com o princípio do amor a si mesmo".[23] Um eu falido, nu, faminto e autodepreciativo não serve para ninguém. Na *Riqueza*, Smith reitera que devemos ser livres para cuidar de nós mesmos. *A teoria dos sentimentos morais* mostra como a imaginação pode levar-nos a cuidar do outro. *A riqueza das nações* mostra como a imaginação pode nos proporcionar um jantar e um par de calças.

Só a imaginação justificaria Gênesis (1:26): "E Deus disse façamos o homem à nossa própria imagem": não, porém, com toda certeza, com nossa fisionomia. Talvez a imaginação seja nosso único atributo tipicamente humano. Os animais percebem com os sentidos tudo que os humanos percebem e muito mais. Provavelmente os animais pensam coisas muito semelhantes às que nos ocorrem, pelo menos das nove às cinco. Quando sai o almoço? Os animais amam. Pelo que sabemos, uma pontada romântica atravessa o coração da ameba — ou o que quer que tenham esses organismos unicelulares — pouco antes de ela se partir. Os animais — cuja total insensibilidade ao vício e à virtude fica evidente quando o Schnauzer miniatura se atraca com nossa perna — não são, entretanto, solidários, muito menos moralmente. Tampouco cooperam o bastante para o desenvolvimento de uma civilização; a menos que um formigueiro corresponda à idéia que se tem de Acrópole. "Jamais", Adam Smith observa na *Riqueza*, "alguém viu dois cachorros deliberadamente trocarem de modo justo um osso por outro."[24]

Adam Smith não considerava a bondade uma qualidade inata no homem, tal como, aliás, a riqueza. Acreditava, porém, termos sido contemplados com a capacidade imaginativa para alcançar uma e outra se formos livres para empreender os esforços necessários. *A teoria dos sentimentos morais* e *A riqueza das nações*, lidas simultaneamente, proporcionam de fato um plano original — embora mais para a alma do que propriamente para a sociedade.

Smith jamais fez qualquer declaração de cunho religioso sobre seu projeto filosófico. Em nota de rodapé, na Parte I da *Teoria*, ele explicita: "Esta investigação não diz respeito a uma questão de direito, se assim me posso exprimir, mas a uma questão de fato."[25] Ele só pretendia mostrar, tanto quanto fossem capazes suas "meras invenções da imaginação", o que chamou de "o plano e o sistema que a natureza esboçou".[26] Seu projeto, entretanto, nada mais é que a engenharia mecânica do Espírito Santo.

| 4 |

A riqueza das nações, Livro 1

Como o alto preço da liberdade faz com que as melhores coisas da vida saiam de graça

Considerando-se a imensa abrangência do pensamento de Adam Smith e sua tendência a sair pela tangente, *A riqueza das nações* é obra surpreendentemente bem organizada. Smith dividiu-a em cinco livros. Suas idéias econômicas são apresentadas nos dois primeiros. O Livro 1 trata da produção e distribuição, e o Livro 2 se refere ao capital e ao lucro. O Livro 3 é uma história econômica da Europa ocidental, mostrando como evoluíram vários aspectos da produção, da distribuição, do capital e do lucro, bem como o fato de essa evolução ter provocado, por assim dizer, um aquecimento global no clima da vida cotidiana. O Livro 4, refutação das idéias econômicas diferentes das suas, inclui um ataque, particularmente — muito particularmente detalhado — aos mercantilistas. E o Livro 5 é a tentativa de aplicar suas idéias à solução dos problemas do governo. Na medida, porém, em que os problemas são a única desculpa do governo, resolvê-los está fora de cogitação. Por essa e outras razões, o Livro 5 é surpreendentemente desorganizado.

Deve-se observar que Adam Smith não criou a disciplina que fundamenta. O que denominamos economia foi inventado por François Quesnay e pelos fisiocratas franceses, que, aliás, Smith conhecia. Os fisiocratas, entretanto, quiseram voar alto demais em seu projeto. Quesnay, que era médico de Luís XV, projetou um elaborado *Tableau économique*, mapa de minuciosas classificações, denso e mirabolante — meio cama-de-gato, meio palavras cruzadas, meio tabuleiro de gamão. Talvez isso tenha feito Smith adiar qualquer idéia de representação gráfica. O *Tableau* mostrava como a agricultura é a fonte de todo progresso econômico, como o comércio e a manufatura não fazem bem a ninguém, e como tudo — das rodas de carroça aos urinóis marca Meissen* — de fato se desenvolve nas fazendas. Sendo o alimento toda a base da vida, a agricultura deveria ser a base de seu provimento. Era esse, mais ou menos, o pensamento dos fisiocratas.

Para Quesnay e seus companheiros da corte, o motivo para investigar a economia era algo que se situava entre o *Pour la France!* e encontrar a maneira de passar o tempo entre duas aplicações de sanguessugas nos membros da família real. O que Adam Smith fez foi dar à economia uma razão de ser. Sua investigação tinha considerável objetivo: beneficiar materialmente a humanidade, da qual, evidentemente, ele de todo não se excluía.

---

* Requintada porcelana desenvolvida na Alemanha no início do século XVIII. (N.T.)

A riqueza das nações, Livro 1

Smith intitulou este livro "Das causas do aprimoramento das forças produtivas do trabalho e da ordem segundo a qual sua produção é naturalmente distribuída entre as diversas categorias do povo"; sem dúvida, em meio a essas categorias não havia ninguém correspondente a um moderno editor, que teria de cara vetado o título

Smith começa apresentando duas abrangentes questões: como é produzida e distribuída a riqueza? E ao longo das cerca de 250 páginas do Livro 1, fornece suas respostas — "divisão de trabalho" e "não é da sua conta". Nesse meio tempo, porém, responde também a duas outras questões, ainda mais amplas: por que somos todos iguais e por que temos direitos de propriedade?

Os homens são criados todos iguais. Temos isso como verdade evidente por si, o que, diante das circunstâncias, soa terrivelmente falso. A igualdade é o fundamento da democracia liberal, norma da lei, da sociedade livre e de tudo mais que o leitor, caso seja pessoa sensata, valoriza. Não seremos, todavia, todos iguais porque assim nos apresentamos? Não é desse jeito que isso funciona nos casamentos ou nos velórios. Seremos todos iguais só porque é assim determinado pela Declaração da Independência dos Estados Unidos, a Declaração dos Direitos do Homem da França, e a Declaração Universal dos Direitos Humanos da ONU? Cada um desses documentos está cheio de meias verdades e de inverdades. A ONU proclama que "todos têm direito a descanso e lazer, bem como à limitação razoável das horas de trabalho". Vou lembrar minha mulher de informar nosso bebê a respeito.

Arrogantes lengalengas acopladas umas às outras por membros não representativos — e, algumas vezes, até afastados — da *intelligentsia* não constituem escrituras. De qualquer modo, para ver o que um Estado com base nas Escrituras faz como um sistema social, basta olhar para o Talibã, no Afeganistão, ou para os puritanos de Massachusetts. Todos temos alma imortal, todas provavelmente com idêntico valor perante Deus, o que, entretanto, não nos leva muito longe em matéria de filosofia política prática. E Adam Smith era um homem prático. Sua nota de rodapé na *Teoria*, explicando que seu trabalho não "diz respeito a uma questão de direito, ... mas a uma questão de fato", se aplica à totalidade de sua filosofia.

Ao examinar a forma como se desenvolveu a divisão do trabalho, Smith conduz brevemente (em seus padrões) nossa atenção para uma interessante e muito característica qualidade do homem: a mais poderosa criatura sobre a Terra é também a desamparadamente mais digna de dó. Nascemos incapazes de cuidar de nós mesmos e — a julgar pelos jovens de hoje — assim permanecemos até os 40 anos. Aos dois anos, quando, no auge de sua fase aquisitiva, qualquer outro mamífero já está caçando, acasalando, procriando, o ser humano mal se equilibra e é incapaz de alcançar o próprio traseiro com as mãos, pelo menos não com habilidade que lhe permita usar o troninho. A criatividade de Daniel Defoe não pôde fazer Robinson Crusoé agüentar 40 horas sem um suprimento de artigos manufaturados oriundos dos destroços de um navio naufragado e sem um canibal atuando como assistente executivo.

Devemos tratar as pessoas com o respeito devido aos iguais não por estarmos imbuídos de algum elevado princípio ou de amor fraternal, mas porque somos patéticos e inúteis.

Smith escreveu que um indivíduo "precisa permanentemente da cooperação e da assistência de verdadeiras multidões, enquanto sua vida inteira é quase escassa para obter a amizade de algumas pessoas".[1] Essa declaração, de tendência esquerdista, foi o prólogo para a passagem mais citada de Adam Smith: "Não é da benevolência do açougueiro, do mestre cervejeiro ou do padeiro que esperamos nosso jantar, mas sim de sua atenção ao próprio interesse."[2] Ele nos instava não a correr egoisticamente atrás da riqueza no sistema da livre empresa, mas, antes, a agradecer o fato de o açougueiro, o mestre cervejeiro e o padeiro fazerem isso. Por sorte nossa eles foram contemplados pelo Criador com certos direitos inalienáveis, entre os quais estão o bife, a cerveja e os sanduíches *hoagies*.*

A resposta de Smith a respeito dos direitos de propriedade é igualmente pontual: "A propriedade individual do trabalho, à medida que é o fundamento original de qualquer outra propriedade, é, assim, a mais sagrada e inviolável de todas."[3] Os direitos de propriedade não são invenção dos ricos para manter os pobres longe de seus bens. Direitos de propriedade são nossos documentos de posse de nós mesmos. A propriedade pode ser modesta, mas é inerente. "O patrimônio de um homem pobre", observa Smith, "está na força e na destreza de suas mãos."[4] É desse humilde empunhar do martelo e, ... *epa!*, da foice, que se origina toda a livre empresa, "e impedir que ele empregue essa força e essa destreza da forma como achar melhor, sem prejuízo para seu próximo, é violar essa mais sagrada propriedade".[5]

---

* Tipo de sanduíche popular na Filadélfia e arredores, no formato de rolo, com recheio de carne, queijo, alface, tomate e cebola, temperado com azeite e orégano. (N.T.)

Qualquer definição de liberdade que não se apóie no direito à propriedade e a direitos iguais para todos carece de significado. Tudo que possuímos é nosso, e ninguém pode contestar. Isso é na verdade o que queremos dizer quando nos declaramos livres. Os demais direitos daí derivam, quando ainda nem nos preocupamos com eles.

A liberdade de expressão é algo maravilhoso quando se tem o que dizer; uma breve incursão pela "blogosfera",* no entanto, logo revela que isso se transformou em raridade. A liberdade de religião é mais maravilhosa ainda, mas, quando você for rezar, "podeis entrar em vosso quarto e, ao fechardes vossa porta, rezar ao vosso Pai, que está oculto" (Mt 6:6), segundo palavras do próprio Jesus Cristo. A liberdade é geralmente uma trivial experiência do mundo material, econômico. Mesmo antes de estar em plena produção da *Riqueza das nações*, Adam Smith já provara que nós exigimos e merecemos uma sociedade eqüitativa, na qual estejamos livres do exercício do poder arbitrário e possamos ir ao shopping e passar nosso Visa até a fita magnética esturricar, se for isso o que quisermos fazer.

A DIVISIBILIDADE DO TRABALHO

Entretanto, o principal propósito do Livro 1 da *Riqueza*, tal como Smith o concebeu, era mostrar a importância da divisão de trabalho. O objetivo dessa divisão, registrou ele, é "fazer com que menor quantidade de esforço produza maior quanti-

---

* Termo criado em 1999 pelo escritor Brad L. Graham, associando-o ludicamente a logosfera (do grego *logos*, "palavra", e *sphere*, "mundo"), mundo das palavras, e remetendo ao universo dos bloqueios. (N.T.)

dade de trabalho".[6] Ele se deu conta de que a divisão de trabalho — a especialização — é a fonte original do crescimento econômico.

A especialização aumenta o valor econômico. Ficou famoso seu exemplo da "banal manufatura" de um alfinete. Sem a especialização e o maquinário especializado, a fabricação de um mero alfinete demandaria um dia inteiro. Em versão anterior da *Riqueza*, ele observou que, chegando ao limite de precisar escavar minas de ferro, fundir nosso próprio minério e cumprir as demais etapas, "dificilmente [seria possível] produzir um alfinete por ano".[7] E, em algum lugar por aí, um grupo que se pode contatar pela internet se dedica exatamente a esse hobby, para irritada perplexidade das mulheres de seus integrantes.

A indivisibilidade do preço

Smith provou seu argumento, e deveria ter parado por aí. Então, ao examinarmos a economia racionalmente, deparamos com uma interessante dificuldade — ser exageradamente racionais com ela, cujo pecado original é exatamente esse erro, que, aliás, existiu desde que ela foi concebida. Qualquer estudante de economia já passou por esse problema e teve de decorar diversas fórmulas de racionalização.

Enquanto escrevia sobre o aumento do valor econômico, Smith decidiu se aprofundar sobre o conceito do valor em si. Tentou, sem sucesso, analisar o preço. O preço de uma coisa é o que alguém pagará por ela, nada mais, nada menos, nada além disso. David Hume, em carta a Smith parabenizando-o pela publicação da *Riqueza*, elogiou a obra, mas apontou o erro: "Se você estivesse aqui do meu lado, junto à lareira", escreveu Hume, "eu teria discutido com você alguns de seus princípios. Só posso pensar ... que o preço é totalmente determinado pela quantidade e pela demanda."[8] Entretanto, pensar dessa forma era contrariar a tendência de Smith de pensar as coisas em todos os seus aspectos. E, portanto, ele assim as considerou.

Determinou então que o preço tinha "partes componentes", e estabeleceu três delas: o trabalho, o lucro do capital (isto é, o que retorna ao capital) e o aluguel da terra. A teoria dos preços é área obscura da economia, como bem o sabem as pessoas da Bolsa de Valores, da Bolsa de Mercadorias ou as donas-de-casa — e como também sabem, para seu desespero, os alunos de economia. E os equívocos de Smith a respeito de preço eram piores que os atuais.

Quando tentava atribuir valor ao preço e preço ao valor, ele não dispunha de um Manual de Economia que lhe explicasse a "lei da utilidade marginal". Isso só seria postulado um século mais tarde, por Carl von Menger, fundador da escola austríaca de economia. Traduzindo o jargão do Manual de Economia, "utilidade marginal" significa que só valorizamos determinada mercadoria de acordo com o valor que atribuímos à unidade específica da mercadoria que mais recentemente consumimos, e não de acordo com o valor que atribuímos à mercadoria por ser boa.

Smith chegou muito perto de esbarrar na utilidade marginal ao observar que "nada é mais útil que a água: com ela, entretanto, compram-se pouquíssimas coisas".[9] Com um litro e meio adicional de água, o máximo que se consegue é uma ida ao banheiro no meio da noite. Com um quilo e meio de ouro paga-se à vista um Lexus. A utilidade marginal explica por que o ouro, que não é imprescindível à vida de ninguém — à exceção dos cantores de hip-hop e dos noivos —, tem preço tão alto.

Entretanto, o alto preço que pagamos por uma água mineral de primeira classe arrasa essa lei da utilidade marginal. E é isso, aliás, que deveria acontecer com toda a teoria do preço. Vejamos Adam Smith às turras com o seguinte caso: "Se numa nação de caçadores, por exemplo, matar um castor é normalmente um trabalho duas vezes mais difícil que matar um veado, o castor deveria naturalmente ser trocado por dois veados ou ter valor correspondente a isso."[10] Um momento, por favor; será que matar um castor, mesmo que apenas hipoteticamente, seria de fato duas vezes mais difícil que matar um veado? Os veados correm como o diabo. Por outro lado, todos nós sabemos onde vivem os castores. São eles que fazem aqueles diques. Conhecemos seu endereço. Mesmo que *demore* muito mais matar um castor — já que temos de ficar na nossa canoa para lá e para cá na represa, até conseguir esmagar com o remo a cabeça de um —, quem vai querer um castor? É como se a nação de caçadores usasse cartolas em grande quantidade.* E, depois de um dia inteiro de caçadas, qual seria sua escolha: um suculento filé de veado ou uma sopa de castor?

Há um prazer, tacitamente admitido, em ver alguém muito mais intelectualizado que nós cometer um grave equívoco. Smith estabeleceu que o mais importante componente do preço era o trabalho: "Conseqüentemente, apenas o trabalho,

* Em geral as cartolas são forradas de seda ou de pele de castor. (N.T.)

e só ele, cujo valor é sempre invariável, é o padrão definitivo e real."[11] Duas páginas adiante, entretanto, ele se contradiz: "O preço real do trabalho ... varia muito, de acordo com as diferentes ocasiões."[12] E antes ele havia declarado que: "O preço real de qualquer coisa ... é toda a dificuldade e os problemas que temos para adquiri-la."[13]

Alguma coisa na refinada mente filosófica de Adam Smith o fez resistir ao domínio do óbvio. Há uma afirmação do século XIII, atribuída a Alberto Magno,* de que o preço é aquilo que "as mercadorias valem segundo a estimativa do mercado no momento da venda". Mas antes de propormos abandonar as complexidades de Adam Smith e retornar ao pensamento simples do senso comum medieval, vale a pena considerar alguns outros pensamentos comuns nesses tempos. Alberto Magno preconizou a oitava Cruzada, a última e mais inútil. Ela sequer tentou chegar à Terra Santa; navegou, verdadeiro e carnavalesco cruzeiro armado, para Tunis.

Por outro lado, havia o seguinte detalhe em Adam Smith: mesmo quando estava errado, ele era muito mais esperto que os outros. Talvez fosse especialmente mais esperto que essas pessoas insuportáveis que sabem o "valor" de todas as coisas e estão sempre ávidas para nos dizer seu preço justo ou apontar aquelas que, com justiça, não têm preço.

O trabalho não é um componente do preço, que, aliás, não tem componentes. As coisas simplesmente custam o que custam. Entretanto, ao fundamentar a estrutura lógica da *Riqueza das nações* na premissa do trabalho — como dividi-lo;

---

* Teólogo dominicano e filósofo, foi mestre de santo Tomás de Aquino. (N.T.)

como partilhar seus frutos; todos os esforços e problemas de nossa vida — Smith tocou na necessidade material e moral de nossa liberdade.

Adam Smith, flagelo do capitalismo

Não se pode afirmar que Adam Smith tenha construído o sistema capitalista. O que ele fez foi fornecer a lógica básica dos direitos econômicos sobre a qual se pudesse erguer mais facilmente a livre empresa. E sugeriu aos construtores que usassem o carrinho de mão do livre-comércio, o fio de prumo do interesse próprio, e mais todas as especializadas ferramentas da especialização. Entretanto, quando quis considerar a maneira como a livre empresa distribui o que produz — "a ordem segundo a qual seu produto é naturalmente distribuído" —, ele bateu pesadamente no capitalismo, a ponto de o peitilho de renda deste se enrolar como um toldo.

Alguns seguidores de Smith ficariam muito surpresos — se algum dia o lessem. Ele afirmou que "a opressão dos pobres deve estabelecer o monopólio dos ricos",[14] e que o lucro "é sempre mais elevado nos países que caminham mais rapidamente para a ruína".[15] Sobre conceitos tais como de "pleno emprego", Smith repercutiu à semelhança de um John Kenneth Galbraith,* ao declarar: "Se a sociedade empregasse anualmente todo o trabalho que pode anualmente comprar, ... o produto de cada ano bem-sucedido teria valor muito maior

---

* Economista norte-americano do século XX cuja obra combate a sociedade de consumo. (N.T.)

que o do ano precedente."[16] E repercutiu mais ainda, em seguida, qual um Thorsten Veblen* resmungando: "Não existe, porém, nenhum país cuja produção anual integral seja empregada para manter a indústria. Os ociosos aqui e ali consomem grande parte dela."[17]

Adam Smith foi bastante severo com a pequena nobreza fundiária: "Em qualquer país, assim que todas as terras se tornarem propriedade privada, seus proprietários, como qualquer ser humano, irão colher o que nunca semearam."[18] Ele teria se divertido muito vendo os duques e as duquesas da Inglaterra precisando manter animais de circo e outras atrações em suas grandes propriedades, e permitindo que gordos excursionistas rebolassem de câmera na mão por suas majestosas residências, filmando seus antepassados pendurados nas paredes.

Smith foi mais duro ainda contra o próprio povo, que, em sua época, estava começando a gerar a riqueza das nações que ele sugeria aumentar. A despeito da sua amizade com mercadores e fabricantes em Edimburgo e Glasgow, nutria fria aversão pela classe:

> Os patrões estão, sempre e em qualquer lugar, numa espécie de combinação tácita, constante e uniforme para não aumentar a remuneração do trabalho.[19]
>
> Nossos mercadores e mestres manufatureiros se queixam muito dos efeitos ruins dos altos salários sobre o aumento dos preços ... das suas mercadorias, tanto aqui quanto no exterior. Nada dizem a respeito dos efeitos ruins dos altos lucros. Ficam calados quanto aos perniciosos efeitos dos próprios ganhos. Só se queixam dos ganhos dos outros.[20]

---

* Economista e sociólogo norte-americano que viveu de 1857 a 1929, cuja obra critica a opulência das classes abastadas. (N.T.)

> O interesse dos comerciantes ... em qualquer ramo do comércio ou das manufaturas e em alguns aspectos é sempre diferente e até oposto ao do público.[21]

Smith não era fã do que viria a ser denominado lobby: "A proposta de qualquer nova lei ou regulamento do comércio [vinda dos comerciantes e manufatureiros] deve ser ouvida sempre com toda precaução e jamais ser adotada antes de longo e cuidadoso exame ... com a mais desconfiada atenção."[22]

Os recentes escândalos no Congresso dos Estados Unidos, envolvendo Jack Abramoff* e toda sua classe, teriam horrorizado Adam Smith, tanto, aliás, quanto qualquer bom redator de editorial do *Washington Post*. Smith, entretanto, e isso podemos ter como certo, teria respeitado a inteligência de seus leitores evitando fingir-se chocado.

Ele não era também entusiasta da privatização das funções governamentais. A respeito da Companhia das Índias Orientais e de sua administração em Bengala, Smith observou: "O governo de uma companhia exclusiva de mercadores é, talvez, o pior de todos para qualquer país."[23]

ADAM SMITH, O PALADINO DO CAPITALISMO

O que diferencia Adam Smith dos mais recentes e tolos críticos do capitalismo é o fato de ele jamais ter raciocinado para

---

* O mais importante lobista de Washington, desmascarado e preso em novembro de 2006, acusado de conspiração, fraude e evasão de impostos. (N.T.)

trás, sobre a causa da disparidade econômica. "Um homem não é rico e seu vizinho é pobre porque o primeiro tem carruagem enquanto o segundo anda a pé."[24]

Também não manifestava qualquer parcela do desprezo moral pelo lucro em si, o que em breve se tornaria a coroa de louros de qualquer pretensão filosófica, fosse a de um Percy Bysshe Shelley,* para dar um exemplo burlesco, ou, passando ao trágico, a de um Pol Pot.** A primeira insurreição na história auto-rotulada de "comunista" ocorreria alguns anos após a morte de Smith e pretendia derrubar nada menos que o Diretório da Revolução Francesa. O levante foi chefiado por François-Noel Babeuf, que adotou o nome de Tibério Graco — o jovem (século II a.C.) radical reformador agrário e pretendente a ditador de Roma. Tibério, como era de prever, foi assassinado pelos adversários, tal como Babeuf.

Em vez desse tipo de coisas — tristemente familiares aos estudantes de história moderna — Smith queria "o estabelecimento de um governo que permitisse à indústria o único estímulo que ela requer: certa segurança tolerável para poder gozar os frutos do próprio trabalho".[25] Não considerava os lucros "ganhos perniciosos" e afirmava que lucros excessivos resultam das leis que limitam ou garantem o comércio. Uma "polícia violenta" foi a expressão que ele empregou para tal interferência legislativa na livre empresa.

---

* Poeta inglês do início do século XIX, morto aos 30 anos, cuja obra é de inspiração romântica. (N.T.)

** Nome (popular na zona rural) adotado por Saloth Sar (1925-98) ao se filiar ao Khmer Vermelho, no Camboja, cuja direção assumiu em 1963. É considerado responsável pelo massacre de cerca de dois milhões de cambojanos (N.T.)

E mesmo com uma brutal força policial de regulamentos para o comércio, ganhos perniciosos são preferíveis a perdas perniciosas. Imagine um mundo em que saíssemos para nossas atividades diárias com a deliberada intenção de nada lucrar com elas: comer pedrinhas, namorar a mobília, entrar no automóvel para arremessá-lo contra uma árvore...

Smith viu uma taxa comum de lucro não pelo que ela representa em relação ao fator ideológico, mas como realmente é para quem lucra, "sua renda, o próprio fundo de sua subsistência".[26] A liberdade da competição faz com que o preço atribuído às mercadorias por quem lucra seja "o mais baixo pelo qual ele as possa vender ... *pelo menos quando existe perfeita liberdade*".[27] O grifo foi acrescentado depois, e a frase não pode ser muito enfatizada. Smith estava promovendo a livre empresa e também estava alimentando — finalmente — a resistência ao socialismo. "Não pode haver nada mais absurdo", ele registrou, "que pensar que os homens em geral trabalham menos quando para si próprios do que quando trabalham para os outros."[28] Quando os outros são "o povo" — não indivíduos, mas uma abstração —, o absurdo então se converte em insanidade.

Adam Smith não era um libertário moderno, mas um libertário crítico do capitalismo. Os problemas da igualdade não seriam resolvidos por meio de novas leis. Num mercado livre, os salários poderiam ser muito baixos, mas, ele observou: "A lei nunca os pode regulamentar propriamente, embora muitas vezes tenha pretendido fazê-lo."[29] Maior igualdade capitalista deveria ser obtida por meio de maior eqüidade de capital, para que, "em conseqüência das circunstâncias florescentes da sociedade, o preço real do trabalho pudesse elevar-se de forma considerável".[30]

De modo equivalente, os problemas dos mercados livres não deveriam ser resolvidos pelo aumento da regulamentação desses mercados, mas sim de sua maior liberdade: "Ampliar o mercado pode freqüentemente ser bem favorável ao interesse do público, mas estreitar a competição é sempre contra ele."[31] Toda lei relativa ao comércio — mesmo a mais benéfica, como o *Pure Food and Drug Act** — contém algum elemento de estreitamento da competição, e deve ser "examinada ... com a mais desconfiada atenção". Em 1970, o Congresso proibiu a propaganda de cigarros por rádio e TV, mais ou menos na mesma época em que toda a nação mergulhava nas drogas. Estaria o traficante de Nixon por detrás daquela legislação?

ADAM SMITH, O PIONEIRO MAVEN** DO CAPITALISMO

Outra razão para Adam Smith ter defendido a liberdade econômica, bem como todas as questões desagradáveis que normalmente a acompanham, está em sua compreensão do dinheiro. É no Livro 1 da *Riqueza*, a "Digressão a respeito das variações no valor da prata", que se pode localizar sua deflação do dinheiro ou da idéia que dele fazemos (ou qualquer idéia de que vale a pena uma discussão demorada sobre ele). Smith demonstrou que a atitude mercantilista para com os metais preciosos poderia resumir-se assim: "O preço do galão vai para três dólares!

---

* Legislação de 1906 de controle de alimentos e medicamentos visando a sua qualidade e transparência para o consumidor. (N.T.)

** Ferramenta do sistema de informatização para gerenciamento e automação de projetos. (N.T.)

Aproveite e encha o tanque! A gasolina não vai custar isso sempre!" E ele indicou que as questões monetárias não são as que deveriam nos preocupar, porque "o dinheiro é a medida exata do valor real de troca de todas as mercadorias, ... só que no mesmo tempo e lugar".[32] Deveríamos antes nos questionar a respeito de como chegar a tempo e a lugar melhores.

Os ricos podem ser sovinas,* mas o dinheiro não é uma Circe** que os transforma em criaturas de goela maior que a nossa. "O homem rico não consome mais comida que seu vizinho pobre",[33] observou Smith referindo-se à razoável prosperidade de seu tempo e lugar. Em nossa nada razoável prosperidade deste tempo e lugar, o movimento é inverso. Quanto maior o carrinho, maior a probabilidade de a pessoa estar vivendo abaixo do nível oficial de pobreza decretado pelo governo. Smith se expressou melhor na *Teoria dos sentimentos morais*, no trecho em que se menciona pela primeira vez a mão invisível.*** Os ricos, ele proclamou:

---

* No original, *piggish*, que significa tanto "porco" quanto "sovina", entre outras acepções, permitindo ao autor a associação que fará com Circe. (N.T.)

** Feiticeira que teria transformado os acompanhantes de Ulisses, em seu mítico retorno de Tróia, em porcos, tendo depois se apaixonado pelo herói e desfeito seus sortilégios, além de lhe fornecer a orientação para chegar em casa. (N.T.)

*** Isso não é de todo verdadeiro. As duas palavras mais comentadas da obra de Adam Smith foram inicialmente usadas em seu ensaio "A história da astronomia", escrito provavelmente aos 20 e poucos anos. Ali, entretanto, ele as empregou de forma depreciativa, ao observar que o homem sempre teve certa compreensão da física, sabendo que "o fogo queima, a água refresca, os corpos pesados descem e as substâncias leves sobem, por sua própria natureza". Smith afirmou então que nem os ignorantes primitivos pensavam que "a mão invisível de Júpiter" era "empregada nessas questões". (EPS 49).

Smith não pretendia que a mão invisível fosse entendida como de hábito, como a agência pela qual a liberdade econômica automaticamente produz

> Consomem pouco mais que os pobres e, a despeito de seu natural egoísmo e rapacidade, ... embora o único objetivo que proponham para o trabalho de milhares de pessoas que empregam seja a gratificação dos próprios desejos vãos e insaciáveis, eles dividem com os pobres o produto de todas as suas benfeitorias. São guiados por mão invisível no sentido de fazer a distribuição de bens necessários à vida quase como se decorresse de eventual divisão da terra em porções iguais entre todos os seus habitantes.[34]

Os benefícios econômicos da riqueza num livre mercado logo transbordam no humilde frasco que é Paris Hilton. E não gotejam apenas: eles jorram.

Adam Smith, terapeuta do capitalismo

Smith compreendeu o dinheiro que as pessoas possuem e compreendeu também as pessoas. Vivendo antes que as ciências sociais se fragmentassem em campos rivais (ou reivindicassem a dignidade de ser ciências), Smith pôde ser tanto psicólogo quanto economista. A palavra *psicólogo* já existia no século XVIII, mas significando "aquele que trata das coisas relativas à alma", ou, como mais provavelmente Smith teria dito, da "imaginação". E ele observou que a imaginação humana guardava ambições mais tenebrosas e profundamente enrai-

---

progresso econômico. Quando fala nela, ele diz: "O governo que proporciona à indústria o único incentivo que ela requer." A outra vez em que usa a expressão é no Livro 4 da *Riqueza das nações*, num discurso sobre os benefícios do emprego de capital "no apoio à indústria doméstica" (RN/L 456), onde Smith — de acordo com seus próprios princípios sobre o mercado — estava errado.

zadas que a ganância pelo dinheiro. Na *Teoria dos sentimentos morais* registrou:

> Para quem foi acostumado às posses ou à expectativa da admiração pública, todos os demais prazeres esmorecem e decaem. ... Uma posição, o grande objetivo que divide as esposas dos conselheiros, é a meta de metade dos trabalhos da vida humana e causa de todo tumulto e alvoroço, de toda rapina e de toda injustiça.[35]

E bem como, aliás, do Oscar e da *US Weekly*.*

Há um limite para o que as pessoas podem fazer por dinheiro, mas não, aparentemente, para o que elas são capazes de fazer a fim de ir ao *The Jerry Springer Show*.** Dinheiro não basta. Ser chamado "rico como Creso" nunca foi sinal de prestígio. O sórdido rei da Lídia acabou prisioneiro do imperador Ciro da Pérsia. Foi Creso quem fez Sólon afirmar que nenhum homem deveria ser considerado feliz antes de morrer. Ou alcançar a fama.

Com relação à morte e à glória, outra ambição também leva a elas, além do tumulto, do alvoroço, da rapina, da injustiça e da *US Weekly*: trata-se do desejo de poder, que conduz o homem, segundo Smith, ao "mais alto grau da arrogância, ... a estabelecer sua opinião como supremo padrão do que é certo e errado ... para se achar o único homem sábio e valoroso na comunidade".[36] Smith conseguiu retratar não só Barbra Streisand, mas toda a população do universo da política.

---

* Revista de celebridades, criada pela The New York Times Company em 1977, e de altíssima tiragem. (N.T.)

** Reality show da televisão norte-americana. (N.T.)

Não há pior campo de esforços e problemas que o político. A liberdade de mercado, embora de honestidade meio incerta, é preferível aos grilhões do governo, cuja desonestidade é algo absolutamente certo. E há um fator adicional que torna os negócios superiores à política. Smith percebeu que uma sociedade livre tende a separar poder e riqueza. Referindo-se à Grã-Bretanha de seu tempo, registrou: "A pessoa que conquista ou faz prosperar uma grande fortuna não recebe necessariamente nenhum poder político nem civil ou militar. Sua fortuna talvez lhe possa proporcionar os meios para adquirir ambos, mas ... não necessariamente lhe traz um ou outro."[37] E nenhuma dessas atitudes rastejantes com o intuito de obter contribuições de campanha torna isso menos verdade. A política pode ser terrivelmente influenciada pelo dinheiro, mas poder político não se compra na feira. Ross Perot* felizmente provou isso, como também, menos felizmente, o fez Steve Forbes.**

Os poderes políticos diferem dos bens do livre mercado, e isso tem a ver com a natureza da liberdade, que se baseia na igualdade e no autocontrole. O cidadão de um país livre tem direitos de propriedade sobre a "força e a destreza de suas mãos", bem como sobre a força e a destreza de sua mente. "E impedi-lo de empregar essa força e essa destreza da forma que ele achar melhor, sem ofender seu vizinho, é plena violação..." — dos direitos de voto na Flórida em 2000, talvez?

---

* Empresário texano, um dos homens mais ricos do mundo, que já concorreu sem sucesso duas vezes à Presidência dos EUA, em 1992 e 1996. (N.T.)

** Editor da revista de negócios *Forbes*, presidente e diretor-executivo da empresa Forbes, também candidato à Presidência dos EUA, em 1996 e 2000, com campanhas milionárias. (N.T.)

Não se trata de que não possamos ser comprados, mas de que temos certas prerrogativas que não podem ser vendidas. Nossos direitos são — para usar o termo da lei de propriedade que aparece na Declaração da Independência — "inalienáveis".

Outra razão pela qual os poderes políticos são diferentes dos bens do livre mercado tem a ver com a natureza dos mercados. A troca privada sem restrições não se pode limitar a coisas, como o governo chinês pensa que pode. Os itens materiais são indissociáveis do domínio de sua tecnologia de confecção e das idéias em que se baseia esse domínio. Muito mais agora, na nossa "era da informação". Os livres mercados levam ao pensamento, esse eterno inimigo dos políticos.

O Livro 1 da *Riqueza das nações* é uma análise dos meios pelos quais buscamos o interesse próprio e uma crítica dessa busca; é também uma advertência quanto à busca de algo pior. Adam Smith não queria que fôssemos como "o povo da Inglaterra", que ele considerava "tão cioso de sua liberdade, ... sem jamais entender direito, entretanto, em que ela consiste".[38]

5

A riqueza das nações, Livro 2

"Da natureza, acumulação e emprego do capital". Deixe Adam Smith ser seu guru financeiro

É impressionante a enorme quantidade de vendas de guias de investimentos e livros de incentivo para negócios. O *New York Times Book Review* os repudia, no anexo — "Conselho, como fazer e miscelânea" — à lista dos mais vendidos. Ali, contudo, eles ficam, muitas vezes durante anos, engordando e proporcionando a seus autores lucros dignos dos mais velozes entre os "países que caminham rapidamente para a ruína". Esses lucros deixam autores de outros tipos de livros, como por exemplo este, se roendo de inveja e declarando que o país de fato logo chegará à ruína se tudo o que vender for isso.

As dicas de investimento são sempre muito ingênuas. Os livros de incentivo em geral se baseiam em alguma observação mais ou menos arguta sobre negócios, que é então enrolada, recheada, reiterada e reafirmada até que se tenha digitado quantidade de páginas vendável. Por exemplo: "Lembre-se sempre de que seu concorrente é um homem composto de várias camadas. Não o julgue apenas por seu aspecto superficial. Tente ver 'sob o terno' e captar tanto o que o faz se sentir bem quanto o que o deixa irritado." Daí o *What color is my underwear?* (Cooksome Books, 230p., encadernado, 29,95 dólares).

Eis, porém, aqui *A riqueza das nações*, com sua observação verdadeiramente sagaz dos aspectos da economia e seu comentário inteligente de todas as formas de estabelecimentos financeiros. Tomemos um exemplo do Livro 2. Séculos antes de os yuppies começarem a instalar suas janelas pseudopalladianas* na profusão de espigões que bloqueiam minha vista, Adam Smith já alertava contra o apostar excessivo na "acumulação e no emprego do capital" em um mercado imobiliário efervescente.

> Uma residência em si mesma em nada contribui com o rendimento do seu morador. ... Se for alugada, se a casa em si nada produz, o inquilino poderá sempre pagar o aluguel por meio de alguma outra renda. ... Embora dessa forma a casa possa produzir uma renda para seu proprietário, ... nada produz para o público nem tampouco serve como capital, e a renda da maior parte do povo jamais será minimamente por ela aumentada.[1]

Como a obra de Smith é de domínio público etc., somos tentados a imaginar que alguma coisa nesses guias de investimento ou de incentivo para negócios tenha sido sugada da *Riqueza das nações*, em que haveria no mínimo material suficiente

---

* Palladio, cujo nome de fato era Andrea di Pietro (1508-80), foi renomado arquiteto italiano que publicou livros em que adapta a uma concepção moderna os consagrados princípios de Vitrúvio, arquiteto romano do século I a.C., célebre por seu tratado *De arquitetura*. (N.T.)

para um vade-mécum desses destinados a deficientes mentais assumidos e que as pessoas morrem de vergonha de comprar. Quem sabe um *Guia para melhorar a vida dos cretinos*...

E acontece justamente que o Livro 2 da *Riqueza* se presta muito bem a esse tipo de projeto. O tema de Smith é o capital, onde é possível obtê-lo e como empregá-lo para ter retorno excepcional, ou seja, o recheio dos best-sellers que disputam o mercado com o que revelam as secretas técnicas sexuais da casa de Windsor.

Infelizmente, há um problema. Os conselhos de Adam Smith, seus como-fazer e, pelo mesmo motivo, sua miscelânea são sempre dirigidos a poderosas figuras, que atuam como secretários do Tesouro, ministros da Fazenda, presidentes da Reserva Federal, e diretor do Fundo Monetário Internacional e do Banco Mundial. Não se trata de um mercado do povo. Por outro lado, os poderosos costumam estar cercados de bajuladores — quem sabe todos comprarão meu livro para dá-lo de presente de Natal a Paul Wolfowitz.*

Banco Central para bonecos

O Banco Central é a instituição que controla o suprimento de moeda no país, questão que seria inteiramente objetiva, não fosse por três fatores: o dinheiro é imaginário; a atividade bancária não envolve dinheiro e Banco Central não é banco.

---

* Professor e político norte-americano, presidente do Banco Mundial e responsável pela formulação da política externa de George W. Bush que resultou na invasão do Iraque; foi exonerado em conseqüência de escândalo envolvendo loteamento de cargos. (N.T.)

Mas, então, o que é o dinheiro, afinal?

"O dinheiro", aponta Smith, "não é material a trabalhar nem ferramenta para isso."[2] O dinheiro, tal como o espectador imparcial, é um faz-de-conta. É conjectura nossa que vagamente se aproxima do valor. Seu uso, porém, nos permite transferir mercadorias e serviços de forma menos incômoda que o escambo e menos repulsiva a nosso espectador imparcial que o roubo.

O dinheiro nasce da divisão de trabalho e do livre comércio — um filho muito briguento. Toda noção de valor costuma provocar discussões. Isso foi indicado por Smith numa palestra na Glasgow University: "Oferecer um xelim a alguém, coisa que para nós parece ter um significado tão evidente e simples, é na realidade persuadi-lo a fazer isto ou aquilo como se fosse em seu próprio interesse."[3]

Smith afirma que o "dinheiro, por meio do qual toda a renda da sociedade é regularmente distribuída por todos os seus diferentes membros, não faz parte dessa renda". Sendo imaginário, não o poderia fazer. "A grande roda da circulação", ele prossegue, "é totalmente diversa das mercadorias que circulam por meio dela."[4]

Talvez não devêssemos pensar muito profundamente sobre a natureza do dinheiro. No Livro 1 da *Riqueza*, Smith faz um obscura afirmação, que mostra os efeitos disso: "Corro sempre o risco de ser entediante ao querer certificar-me da minha perspicácia. E depois de muito padecer para conseguir ser perspicaz, ainda parece persistir uma certa obscuridade num tema que, em sua própria natureza, é extremamente abstrato."[5]

E o que é banco?

Banco é uma instituição que não lida com dinheiro. Se aceitarmos a definição de valor como "esforço e problemas", proposta por Smith, os bancos lidam é com esforço e problemas. A atividade bancária é um esperto dispositivo para se armazenar esforço e problemas. E em vez de se cobrarem taxas por esse armazenamento, somos recompensados empregando esforço em excesso e tendo problemas além da conta.

Por exemplo, digamos que, de acordo com o Livro 1 da *Riqueza*, estejamos matando muitos veados. Obteremos apenas um castor a cada dois veados mortos, mas, em compensação, vamos ter muito mais castores que tudo o que poderíamos fazer com eles. Na falta de algum sistema bancário, teremos de enfiar esses castores debaixo da cama, onde eles não terão utilidade para ninguém. Mas eles fedem. O sistema bancário nos permite alugar os castores a outra pessoa, com "alguma tolerável certeza" de receber a renda por esse aluguel, estabelecida em contrato, e ter de volta nossos castores ao final dessa intensa e altamente lucrativa negociação. O dinheiro não aparece nessa transação, a não ser na medida em que se considerar mais conveniente e agradável realizá-la em dinheiro, e não em castores.

"Não é aumentando o capital do país", declara Smith, "mas tornando grande parte desse capital ativo e produtivo ... que as mais criteriosas operações bancárias podem aumentar a indústria do país."[6] O que as criteriosas operações bancárias *não podem* fazer é aumentar a *capacidade industrial* do país – por exemplo, emprestando dinheiro a qualquer louco, eu, por exemplo, que tiver a idéia lunática de tecnologia para produção de energia alternativa com o metano formado pelos castores putrefatos. Os defensores políticos do "estímulo econômico" já declararam muitas vezes que os bancos tinham de fazer isso. E os banqueiros já declararam muitas vezes que fizeram isso. Não deveriam, porém, e tampouco podem.

Em 1772 houve uma crise bancária na Escócia à qual só três dos 30 bancos particulares de Edinburgo sobreviveram. Toda época e lugar tem o seu equivalente à explosão da dot.com,* origem do Vale do Silício.** Adam Smith descreveu a atitude dos investidores tanto em 1999 quanto em 1772: "Aparentemente eles acreditavam que os bancos tinham obrigação moral de lhes fornecer ... todo o capital que desejavam para comerciar".[7]

Então, para que servem os bancos?

Eles servem para o faz-de-conta. Bancos são tão imaginários quanto os dólares que eles emprestam. Seus pórticos de colunata, as impressionantes abóbadas, o tempo útil e os índices de temperatura não passam de símbolos. E os símbolos representam outra coisa que inventamos, chamada "contrato".

Por sorte, Adam Smith tinha toda liberdade para ser psicólogo e economista. Qualquer investigação sobre economia logo se transforma em sessão no divã, com sonhos para analisar, narcisismos a comprovar e conflitos familiares para resolver. O dinheiro é filho da divisão de trabalho com a liberdade de comércio, um bastardinho muito ativo, concebido enquanto desfrutávamos de alguma cooperação subconsciente. O ca-

---

* O autor se refere ao início e posterior desenvolvimento acelerado da tecnologia informática. (N.T.)

** Região, no Estado da Califórnia que concentra as empresas de informática norte-americanas. (N.T.)

samento do direito de propriedade com a igualdade perante a lei também produz seu descendente, mais amplamente reconhecido como legítimo que o dinheiro e mais conhecido como contrato válido e obrigatório. Um sistema bancário ruim é um péssimo casamento, em que o contrato fica estragado pelo egoísmo da propriedade privada e pelo insucesso do direito de igualdade em se afirmar. "Quando a lei", Smith observa, "não impõe a realização dos contratos, ela põe todos os tomadores de empréstimo quase em pé de igualdade com as falências ou com as pessoas de crédito duvidoso."[8] É preciso então procurar aconselhamento. Do contrário, o pobre contratinho pode começar a associar-se com maus elementos, deixar-se corromper pelo dinheiro e crescer com baixa auto-estima e tendências autodestrutivas — o que, aliás, aconteceu com o fundo de Seguridade Social da América.

Então precisamos de algo como ... regulamentar os bancos

A liberdade não pode existir sem limite. Adam Smith não era homem de fugir desse quebra-cabeça. Em sua análise do sistema bancário ele afirmou seu princípio mais importante sobre o livre mercado: "Quanto mais vantajoso para o público for qualquer ramo do comércio ou qualquer divisão de trabalho, tanto mais livre e generalizada será a competição."[9] Assim como, na análise da atividade bancária, fez sua advertência mais importante sobre esse princípio: "Mas esses exercícios de liberdade natural afirmados por alguns indivíduos, que poderiam colocar em risco a segurança da sociedade como um todo, são e devem ser restringidos pelas leis de todos os governos."[10]

Há muitas coisas sensatas, embora não pareça, a julgar pelas discussões descabidas entre legisladores com idéias diferentes. Ao contrário da maioria dos políticos, Smith em geral abria seu caminho em meio às sereias do autoritarismo e do abuso, sem necessidade de ter os ouvidos tapados com cera ou ser amarrado a um mastro. Sua idéia sobre os propósitos da lei era mais nítida que a dos legisladores. E não considerava redigir leis como uma disputa ou compromisso entre grupos de interesse em guerra. Pensaria, antes, a redação das leis como forma de apressar "aquela liberdade natural, própria da lei, não de infringir, mas de dar proteção".[11] Às vezes conseguimos esse tipo de lei — o que costuma botar muitos banqueiros na cadeia.

O que é um "Banco Central"?

Não se pode ter um cartão de débito do Federal Reserve Bank, por mais interessante que isso fosse e sem importar que a administração Bush aparentemente o possa. Um banco central não é propriamente um banco, mas uma agência governamental. Smith chamou-o de "um grande instrumento do Estado".[12] Sua tarefa é regular a quantidade de dinheiro em circulação, basicamente pela regulamentação dos bancos de fato. O fornecimento de moeda do país deve supostamente equiparar-se a seu suprimento de valor econômico. Se uma nação tem menos dinheiro em circulação do que trabalho e mercadorias, ocorre um colapso do crédito e uma grande depressão. Se uma nação tem mais dinheiro que trabalho e mercadorias, tem-se a década de 1970. Determinar qual dessas situações é pior vai depender do que nos aborrece mais: o tricô de malha dupla, a *disco music* e Henry Kissinger ou toda a algazarra em torno da *Greatest Generation*,* os gastos astronômicos da *Medicare*** e nossos pais.

O propósito do banco central é impedir o retorno da *disco music* e manter nossos pais calados. Os mecanismos técnicos pelos quais um banco central viabiliza isso estão além do escopo deste livro e da capacidade de compreensão deste autor. Se o leitor imaginou que aqui, nestas páginas, iria mergulhar nos mistérios do banco central, você provavelmente é mais um boneco. A importância do que Adam Smith escreveu sobre bancos centrais prende-se ao fato de que, como sempre, ele compreendeu os princípios práticos que havia por trás do mistério. Deu-se conta de que o dinheiro não era uma vantagem, mas uma responsabilidade do governo; chamou-o de "aquele grande embora caro instrumento do comércio".[13] E observou que "o estoque de dinheiro que circula em qualquer país deve exigir certa despesa, primeiro na coleta e, posteriormente, na manutenção".[14]

O plano de Adam Smith para o aumento da riqueza (das nações): como os bancos centrais podem usar papel-moeda para baratear o grande instrumento do comércio

As "certas despesas" para se ter um meio de troca acessível fizeram de Smith um dos primeiros defensores do papel-moeda: os metais preciosos não somente são onerosos em termos de prospecção, transporte e fundição, como têm

* Expressão que refere os cidadãos que participaram da Segunda Guerra Mundial, seja lutando nos fronts externos, seja defendendo o país no front doméstico. (N.T.)

** Plano oficial de seguro de saúde dos Estados Unidos. (N.T.)

também seu valor real — não só monetário — na manufatura e na indústria.

Smith torna-se quase literário ao discorrer sobre o tema. Sugere que "dinheiro de ouro e prata compara-se a uma estrada que, em seu percurso, transportando para o comércio todo o capim e o trigo do país, deles não produz um montinho que seja."[15] O papel-moeda, "ao proporcionar — ousando radical metáfora — uma espécie de trilha aérea para transporte de carga, possibilitaria ao país converter, digamos, grande parte de suas estradas em boas pastagens e campos de trigo".[16] (Ainda que, hoje dispondo efetivamente de uma "trilha aérea para transporte de carga", não muitas de nossas estradas interestaduais se tenham transformado em pastos ou campos de trigo.)

Dinheiro é informação. Na defesa do papel-moeda, Smith antevia o aspecto virtual da economia moderna e toda a eficiência daí decorrente. Para que comprar uma dispendiosa laje de granito e nela providenciar a gravação da informação por habilidosos operários quando essa informação pode ser codificada quase sem esforço algum no nada?

Smith tinha consciência do perigo do que ele chamava "as asas de Dédalo do papel-moeda".[17] Foi, entretanto, pioneiro defensor do papel-moeda, aliás, pioneiro, honesto e saudável, o que não era algo comum. Muitos promotores do papel-moeda do século XVIII o defendiam não por acreditar que ele tornaria o dinheiro mais eficiente, mas supondo que tornaria o dinheiro gratuito. O mais famoso deles foi o escocês John Law, que propôs um Banco Nacional da Escócia a fim de, "ele parece ter imaginado", observou Smith, "emitir papel na quantidade do valor total de todas as terras do país".[18] Diante do

Parlamento escocês, Law foi para Paris e, em 1717, tramou o Esquema Mississipi* segundo as mesmas linhas. Em palestra na Universidade de Glasgow, Smith nos dá um detalhado relato das operações de Law. "A maior parte do povo", disse ele, "que tinha toda sua fortuna em notas, foi reduzida ao estado de mendicância."[19] E na *Riqueza das nações* Smith declarou que "o meio circulante em papel da América do Norte" configurava "um plano de devedores fraudulentos para trapacear seus credores".[20]

Atualmente o meio circulante emitido por muitos bancos centrais não são melhores que isso. Você receberia seu troco em pesos argentinos? Toda moeda moderna é em papel, porém sem qualquer garantia de seu valor relativo, além das promessas de um governo ou, no caso do euro, as promessas ainda mais nebulosas, de um punhado de governos. Temos nossa moeda fiduciária porque é mais fácil para nossos governos imprimir maiores quantidades dela em nome de "mais flexibilidade da política monetária". A qualidade do dinheiro, tal como a do corpo humano depois dos 18 anos, não se aprimora por aumentos na quantidade. Segundo Smith, "o papel-moeda não aumenta *necessariamente* a quantidade total do meio circulante".[21] É pena, mas o grifo é nosso mesmo. Em fevereiro de 2006, o Banco Central do Zimbábue introduziu uma nova nota de 50 mil dólares, insuficiente para comprar uma cerveja.

Smith propôs várias limitações inteligentes à moeda de papel dos bancos centrais. Nenhuma delas, entretanto, é de nosso interesse hoje, porque o dinheiro fiduciário estava além da

---

* Plano de colonização e exploração comercial do vale do Mississipi e outras colônias francesas. (N.T.)

imaginação até de Adam Smith. Para ele, o dinheiro corresponderia sempre a um padrão, fosse ouro, prata ou outro qualquer. (Quando, como já foi mencionado, Smith citou o fato de o preço dos grãos determinar "o valor real de todas as demais mercadorias",[22] na verdade estava sugerindo uma "cesta básica" como padrão monetário.)

O valor da moeda fiduciária está relacionado a caprichos políticos muito menos substanciais que o "valor de todas as terras do país" de Law. Governos modernos assumiram o Esquema Mississipi e o puseram para funcionar. Exceto, é claro, quando ele não funciona.

Então, há limites para o que os bancos particulares e os bancos centrais podem fazer para desenvolver a economia; mas não poderiam instituições como o Banco Mundial proporcionar o estímulo econômico necessário para eliminar a pobreza e ajudar as nações em desenvolvimento?

Não. Smith apresenta isso enfaticamente no Livro 4 da *Riqueza*: "Nunca soube de muitos benefícios produzidos pelos que supostamente comerciavam para o bem público."[23] A explicação para aquelas explosões de mau humor encontra-se no Livro 2, em que Smith descreve o colapso do Ayr Bank,* que levou à crise bancária de Edinburgo em 1772. "Foi o princípio que esse banco adotou para adiantar ... capital a ser empregado em melhorias cujos retornos são extremamente lentos e distantes."[24] É o que o Banco Mundial tenta fazer. "As operações desse banco", prossegue Adam Smith, "parecem ter pro-

* Casa bancária aberta em 1769, em Edinburgo, e falida em 1772, em função de equívocos econômicos de seus diretores. (N.T.)

duzido efeitos diametralmente opostos aos que pretendia."[25] É assim que as coisas acontecem com o Banco Mundial. Smith observou que o Ayr Bank, de nome tão feliz, "sem dúvida proporcionou algum alívio temporário. ... Isso, entretanto, só ampliou a dívida [de quem lhe pedira empréstimo], de modo que, quando a ruína se abateu, veio com um peso muito maior".[26] E não existia nenhum Bono* para repor a ordem.

Dever dinheiro a organizações beneficentes não faz nada bem. É melhor dever a nosso tio carrancudo ou ao unha-de-fome da esquina. Quem pega empréstimo, afinal, é devedor. "Haveria maior probabilidade de que os sóbrios e frugais devedores de pessoas físicas", observou Smith, "empregassem o dinheiro emprestado em empreendimentos sóbrios ... que, embora pudessem ser menos grandiosos e maravilhosos, seriam mais sólidos e lucrativos."[27] Essa máxima se aplica a tudo, dos programas de ajuda externa ao mundo em desenvolvimento aos debates de conselhos municipais. Um novo vendedor de cachorro-quente é melhor para uma cidade que quaisquer estádios esportivos financiados pelo município. De acordo com Smith, mesmo que o Ayr Bank tivesse sido bem-sucedido, teria havido derrota, pois "essa operação, assim, sem aumentar minimamente o capital do país, teria apenas transferido grande parte desse capital de empreendimentos prudentes e lucrativos para empreendimentos imprudentes e não-lucrativos".[28]

Lição recorrente na *Riqueza das nações* recomenda não ceder à ganância. E ninguém é tão rapinante e voraz quanto aqueles que se dedicam ao bem público. Eles não querem

---

* Bono Vox, cantor irlandês contemporâneo, líder do grupo U2, e ativista em defesa dos direitos humanos. (N.T.)

simplesmente milhões ou bilhões de dólares para satisfazer sua avareza pessoal, mas sim os trilhões de dólares necessários para tornar melhor a vida de todos na Terra. O Banco Mundial deveria contentar-se com o bem particular, do que decorrem todas as boas coisas.

6

A riqueza das nações: Livro 2, continuação

Adam Smith, um orador desmotivado

Além de discurso sobre a moeda e a atividade dos bancos, o Livro 2 da *Riqueza* é também análise do planejamento econômico — e da gritante necessidade de sua redução. Adam Smith foi um dos primeiros e mais firmes combatentes na interminável guerra contra as tentativas governamentais de controlar o comércio e a indústria. Sua estratégia era a de convencer os responsáveis pela economia mundial e dar o fora.

As 13 tendências dos altamente (assim se espera) ineficazes planejadores econômicos do governo

1. Ser vulgar e óbvio

O objetivo do planejamento econômico do governo é, presumivelmente, tornar melhor a situação daqueles que o governo governa. O problema surge quando os planejadores econômicos começam a questionar o que seria essa melhora. Acesso mais fácil ao transporte de massa? Mais parques e áreas verdes? Melhores oportunidades de educação? Os governados, declarou Smith, já conhecem a resposta: "O aumento da fortuna é o meio que a maioria dos homens propõe e deseja para melhorar sua situação. É o meio mais vulgar e o mais óbvio."[1]

2. Deixar todo o trabalho por conta do cidadão

Smith deu ênfase à "moderação e à boa conduta de cada indivíduo", bem como a "seu esforço universal, contínuo e ininterrupto para melhorar a própria situação", argumentando ter sido "esse esforço, protegido pela lei e permitido pela liberdade, ... o que manteve o progresso da Inglaterra voltado para a opulência e o desenvolvimento".[2] Dado, porém, que a Inglaterra "jamais foi abençoada por um governo verdadeiramente parcimonioso, ... é, portanto, muita impertinência e presunção dos reis e ministros pretenderem cuidar da economia dos indivíduos".[3]

3. Tornar todo o governo tão improdutivo quanto os planejadores econômicos

Pressupõe-se que todo governo seja improdutivo. Adam Smith dividiu o trabalho em dois tipos: "Um tipo de trabalho ... acrescenta algo ao valor daquilo sobre o que é aplicado."[4] O governo é o outro tipo. Nada errado nisso. "O trabalho", reflete Smith, "de alguns dos segmentos mais respeitados da sociedade ... não produz qualquer valor."[5] Ele não quis dizer que aquele trabalho *não tinha* valor algum, mas sim que não produzia nenhum bem material. Trabalho "improdutivo" não resulta em coisas físicas — bens, capital, matéria-prima — necessárias para a produção de outras coisas físicas. E é por meio de coisas físicas que vivemos. Não há lei, por mais bem escrita que seja, que nos mantenha aquecidos ao relento no inverno (embora a não-aprovação de certas leis, como, por exemplo, o Pacto de Kyoto, seja capaz disso).

"O soberano, por exemplo, com todos os seus oficiais da justiça e da guerra, ... todo o exército e a marinha, são trabalhadores improdutivos ...", ponderou Smith. Quanto à "proteção, segurança e defesa da comunidade, o efeito de seu trabalho em um ano não poderá comprar a proteção, segurança e defesa da comunidade no ano seguinte."[6] Em outras palavras, governo é um serviço e jamais deve ser tomado como fábrica que nos supra de empregos, moradias e remédio de pressão com desconto. Sempre que se ouvir um político argumentar que os gastos do governo são "um investimento", deve-se sugerir que ele procure um emprego.

Economistas posteriores, como, por exemplo, J.B. Say no início do século XIX, acharam que Smith subestimou as contribuições econômicas dos serviços. E de fato ele o fez. O século XVIII tinha servidores, e não uma economia de serviços. Seria difícil para um homem daquele tempo acreditar que o criado apreciador de um gole e a copeira de bochechas coradas iriam evoluir para, digamos, nosso atual e acelerado entregador de pizza e a mocinha de *piercing* na língua numa das caixas de algum supermercado.

Smith tentava fazer uma distinção lógica — provavelmente desnecessária — entre bens e serviços. Se, entretanto, ele subestimou os serviços privados, isso foi mais que compensado pela supervalorização dos serviços públicos realizada pelos "servidores públicos" de todos os tempos. As coisas que o governo consome devem, afinal, ser fornecidas pelas pessoas que fazem e oferecem essas coisas. Smith observou que os "trabalhadores improdutivos" são "mantidos pelo produto anual da terra e do trabalho do país. Esse produto, por maior que seja, jamais pode ser infinito, devendo ter certos limites",[7] precisamente o que o governo devia ter.

4. Manter o controle sobre os gastos do governo, deixando livres os demais gastos

"As grandes nações", escreveu Smith, "jamais são empobrecidas pelo elemento privado, embora às vezes elas o sejam pela prodigalidade e a má conduta públicas."[8] A razão disso é que "o homem que toma emprestado a fim de gastar logo ficará arruinado, e geralmente quem lhe empresta terá também ocasião para se arrepender de sua loucura. Tomar emprestado ou emprestar para tais propósitos é, portanto, em todos os casos — quando a usura está fora de questão —, contrário ao interesse de ambas as partes".[9] Smith, porém, jamais ouviu falar em cartões de crédito. Olhando para minha conta do MasterCard, vejo que a usura de forma alguma está fora de questão.

5. Quebrar a balança comercial

Adam Smith, diante de assustadas reclamações sobre a balança de pagamentos semelhantes às que costumamos ouvir hoje, esbofeteou os histéricos do déficit comercial: "Mas embora uma quantidade tão grande de ouro e prata [ou de Letras do Tesouro, ou do que você tiver] seja enviada dessa forma para o exterior, não devemos imaginar que isso aconteça a troco de nada ou que seus proprietários queiram ofertá-la às nações estrangeiras."[10]

6. Todos odeiam reduzir barreiras comerciais; mesmo assim, reduzam-nas

Prosperidade mais ampla requer mercados mais amplos. No início do Livro 1 da *Riqueza*, Smith observou: "Já que é o poder de troca que propicia a divisão do trabalho, então a extensão dessa divisão deve sempre limitar-se pela extensão daquele poder ou, em outras palavras, pela extensão do mercado."[11]

Para dar um exemplo contemporâneo, os terroristas palestinos usam a divisão do trabalho para fabricar bombas que anseiam trocar por morte e destruição em Israel. A extensão de seu poder de troca, porém, é limitada, pois Israel não está no mercado para ser explodido, e então os terroristas têm de amarrar as bombas em si mesmos.

Talvez, pensando bem, este não seja um exemplo muito feliz, embora mostre que, por melhor que seja o livre comércio internacional em termos abstratos, coisas muito ruins podem acontecer além das fronteiras. É por isso que, como acreditava Smith, "é absurda" qualquer expectativa "de que a liberdade de comércio deva efetivamente ser restaurada". Ele próprio não resistia a certo desdém puritano sobre a questão do comércio exterior: "Comprar ... certo tipo de mercadoria, como vinhos estrangeiros, sedas estrangeiras etc., que provavelmente será consumida por gente ociosa, que nada produz, ... favorece o desperdício."[12] A importação de calças que deixam a barriga à mostra, consumidas por nossas ociosas adolescentes, provavelmente cai nessa categoria. É melhor oferecermos o rosto à bofetada original de Smith.

7. Capital humano não se faz só de doutores

Além dos mercados ampliados, o crescimento econômico depende do uso laboral do capital, ou "estoque". No início do Livro 2, Smith relaciona diferentes espécies de estoque, incluindo "as capacidades adquiridas e úteis de todos os habitantes ou membros da sociedade",[13] que são, com certeza, tão importantes para o desenvolvimento econômico quanto as economias da população — e mais importantes que as minhas. Mas, na linguagem do moderno planejamento econômico, "promover o capital humano" tende a significar intromissões governamentais em larga escala sobre a educação e o treinamento de todo aquele que o governo pode arrebanhar. O presidente Bush chama sua intromissão de "Nenhuma Criança Abandonada". Mas e se a criança merecer isso? E se ela merecer umas palmadas no traseiro?*

Adam Smith era defensor apenas moderado da educação pública. Como explica no Livro 5 da *Riqueza*, considerava necessário algum subsídio governamental para a educação, de modo que "mesmo um trabalhador comum pudesse ter acesso a ela".[14] Os professores, entretanto, deveriam ser "parcial — mas não totalmente — pagos" pelo Estado. "Nos tempos modernos, a diligência dos professores públicos é mais ou menos corrompida pelas circunstâncias, que os tornam mais ou menos independentes de sucesso e reputação",[15] escreveu Smith, fazendo seus

* O autor brinca com a palavra *behind*, usada como "traseiro" e na expressão *left behind*, literalmente, "deixada para trás" e aqui traduzida por abandonada. (N.T.)

tempos soarem como os atuais. E ele acreditava que algumas instituições de educação superior de grande prestígio estavam ensinando "um mero conjunto pedante e inútil de sofisticação e absurdo".[16] Estaria a UC Berkeley ali por perto, então?

Os programas educacionais dos governos modernos visam produzir montes de importantes especialistas. Sem dúvida os especialistas são úteis para a divisão de trabalho. Smith, entretanto, queria que apreciássemos algo mais comum e (a despeito da utilidade marginal relacionada) mais valioso que um especialista. Incluindo as "habilidades úteis" na categoria capital, Smith retornava ao princípio apresentado na análise da divisão do trabalho do Livro 1. Todo homem deve receber o respeito devido a um importante especialista, até um "lavrador comum, ... considerado modelo de obtusidade e ignorância".[17] Todo homem é especialista naquilo que necessita e deseja. E o mais obtuso e ignorante de todos é mais que apenas isso. "Jamais se julgou necessário qualquer aprendizado para a habilitação ao matrimônio",[18] argumentou ele (ou, como diríamos hoje, cultivar repolhos não exige bolsa da Rhodes,* diploma de pós-graduação ou certificado de gênio da MacArthur**). Ainda assim, assinalou Smith, escrevem-se incontáveis livros altamente especializados sobre agricultura. "E, em todos esses volumes, em vão tentamos absorver algum conhecimento das variadas e complexas atividades normalmente realizadas por qualquer fazendeiro comum; quanto desdém alguns desses insolentes autores usam para falar a seu respeito."[19]

---

* Tradicional e renomada bolsa de estudos de dois ou três anos na Universidade de Oxford. (N.T.)

** Fundação de apoio e estímulo a pessoas e instituições deslocadas "na construção de um mundo mais justo, verde e pacífico". (N.T.)

Apenas alguns anos atrás considerava-se que o "lavrador comum" da China não possuía capital humano. Hoje o reconhecem como a mais importante força econômica do mundo. E não é porque um bilhão de camponeses chineses já tem mestrado em administração.

Em 1944, Friedrich A. Hayek publicou *The Road to Serfdom*, o segundo livro sobre economia mais importante da história. A denúncia de Hayek do planejamento econômico foi dedicada "aos socialistas de todos os partidos". No capítulo intitulado "A 'inevitabilidade' do planejamento" ele registra que "dificilmente poderia haver um mundo mais insuportável — e mais irracional — que aquele em que os mais importantes especialistas de cada campo pudessem prosseguir sem qualquer controle a realização dos seus ideais".[20]

Adam Smith e Friedrich Hayek nos alertaram sobre o maravilhoso sistema educacional sul-coreano e a permissão para que Wu Suk Hwang continuasse falsificando livremente a clonagem de células-tronco de embriões humanos.

8. Comprar a varejo

Adam Smith foi dos poucos pensadores argutos (com exceção das esposas) a se posicionar em defesa do varejo. "Se", argumentou ele, "não houvesse comércio como o do açougueiro, por exemplo, todo homem seria obrigado a comprar um boi inteiro ou um carneiro inteiro, o que seria de modo geral inconveniente para os ricos e muito mais para os pobres."[21] E mesmo uma família num dúplex com um *freezer* de boa qualidade teria bastante dificuldade para estocar um boi inteiro.

E, ainda assim, a aversão ao varejo é quase universal. Existe aquele horror aristocrático de se estar em pleno comércio (diverso do comércio militar dos carniceiros humanos). E existe o horror burguês dos que se veêm surpreendidos no comércio pelos tipos Stálin. Empresas familiares e "a lojinha da esquina" são louváveis às vezes; esses lugares em que todo mundo compra de tudo não o são jamais. Na região rural da Nova Inglaterra onde moro os ensandecidos conservadores preservacionistas, que pretendem que toda loja 7-Eleven* seja substituída por um celeiro falido, reúnem-se fraternalmente com os liberais viciados em retorno à natureza, que defendem a preservação dos buracos nas estradas como recursos para Wetland.** Juntos sugeriram que o mais próximo Wal-Mart deveria ficar a pelo menos uma hora de carro dali. "Os preconceitos de alguns escritores políticos contra os donos de lojas e comerciantes são inteiramente infundados", escreveu Smith. "Eles jamais podem se multiplicar a ponto de prejudicarem o público, embora possam fazê-lo de modo a se prejudicarem mutuamente." O esperto inimigo do Wal-Mart quer um deles bem na cidade. Com um Target*** ao lado.

9. A vida moderna é estressante, superprogramada e obcecada por trabalho; mantenham-na exatamente assim

Não caiam na armadilha da Declaração Universal dos Diretos Humanos da ONU, que a todos assegura "o direito ao descanso e ao lazer". Vejam como está a ONU. "Nossos antepassados",

* Cadeia de lojas de conveniência dos Estados Unidos e Canadá. (N.T.)

** Qualquer local em que existe interação entre as pessoas e a vida selvagem (ver www.wli.org.uk). (N.T.)

*** Ampla cadeia de lojas de conveniência. Como *target* significa "alvo", pode-se pensar num jogo de palavras. (N.T.)

escreveu Smith, "eram ociosos pela falta de estímulo suficiente para a indústria. É melhor, diz o provérbio, brincar por nada do que trabalhar por nada."[22] E de que brincavam nossos antepassados? De "caça às bruxas", de "matar judeus", de "mandar meninos para a Cruzada das Crianças".*

Ganhar tem vantagens que gastar o que os outros ganharam não tem. Por mais sem sentido que possa parecer a existência num minúsculo escritório, não é tão sem sentido quanto passar o dia inteiro no shopping. Para ilustrar esse princípio, Smith compara as cidades em que os negócios são o governo com aquelas em que os negócios são negócios. "Nessas cidades, sustentadas principalmente pela permanente ou ocasional residência de uma corte [leia-se George Bush ou Tony Blair], e cujos segmentos inferiores do povo são mantidos sobretudo pela receita municipal, vive-se no ócio generalizado, na dissolução e na pobreza."[23] Ociosos e dissolutos em Londres. Pobres em Washington DC. "Nas cidades mercantis e manufatureiras, cujos segmentos inferiores do povo são sustentados sobretudo pelo emprego do capital, vive-se em trabalho generalizado, sobriedade e prosperidade."[24] É claro, hoje isso seria em Guangzhou.**

10. Não colocar seu dinheiro em local seguro

Se não puder pensar em nada melhor para fazer com seu dinheiro, gaste-o. Segundo Smith, "todo homem com entendimento médio se empenhará em empregar o capital que pôde

---

* Lenda medieval a respeito de simulado envio de crianças para libertar a Terra Santa quando de fato eram vendidas como escravas. (N.T.)

** Capital da província de Guangdong, no sul da China. (N.T.)

juntar, seja de olho no gozo presente ou no lucro futuro".[25] De fato, continua ele, "um homem que, em situação de segurança razoável, não empregar todo o capital que juntou, seja próprio ou emprestado de outros, deve ser totalmente louco".[26] Mas ele vai além: "Nesses países desafortunados, ... em que os homens vivem continuamente com medo da violência de seus superiores, muitas vezes eles enterram e escondem grande parte de seu capital."[27]

O survivalista que abastece ensandecidamente sua residência na área reservada, o infeliz aposentado, comprando ouro anunciado pela TV, o solitário recluso armazenando correntes, chapas de alumínio e moedas de prata anteriores a 1965 — nenhum desses é tão louco quanto os sistemas político e econômico que os levou a pensar que assim deveriam agir. A frase "com medo da violência de seus superiores" não é excessivamente forte para pessoas que passaram por auditoria da Receita Federal.

11. Fazer todos ficarem confusos com a globalização

A complexidade da economia pode ser avaliada matematicamente. Copiem a equação algébrica que é o coração humano e multipliquem cada incógnita pela população do mundo. Em seu comentário sobre os agricultores, Adam Smith provou, quisesse ou não, que conhecer a economia é impossível. O que os camponeses* fazem no estábulo é profundamente recôndito (e sabe-se lá o que mais). A desesperançada per-

* No original, *red necks*, expressão depreciativa para referir trabalhadores rurais brancos do Sul dos Estados Unidos. Trata-se de gíria, como também na Inglaterra, significando, porém, "católico romano". (N.T.)

plexidade da economia é a melhor esperança de nos manter humildes quando ela nos provoca perplexidade. Se pensamos ter uma teoria para desembaraçar a meada econômica, somos verdadeiros gatinhos com uma bola de lã — gatinhos assassinos, se quisermos amarrar os outros com aquele fio de lã e afogá-los no poço do idealismo.

O perigo de se tentar deduzir uma política econômica específica da teoria econômica geral é outra coisa que Adam Smith provou, e de maneira que o deixou humilhado. A última dezena de páginas do Livro 2 trata do que poderíamos chamar de globalização. O homem que criou a economia moderna ficou tão confundido quanto qualquer homem moderno sobre esse assunto.

Smith começou com um elogio tipo Khmer Vermelho* à agricultura. "De todas as formas de emprego de capital, de longe ela é a mais vantajosa para a sociedade."[28] Deu continuidade com uma incompreensão a respeito do mercado internacional de capital. "O capital do fabricante deve sem dúvida residir onde a fabricação é realizada."[29] Corrigiu parcialmente essa incompreensão na primeira sentença do parágrafo seguinte: "É de muito pouca importância o fato de ser nativo ou estrangeiro o mercador cujo capital exporta o produto excedente de qualquer sociedade."[30] E no parágrafo seguinte, afinal, conseguiu simultaneamente entender mal e entender bem a questão: "É da maior importância que o capital do fabricante resida no país. ... Entretanto, ele pode ser muito útil ao país mesmo que nele não resida."[31]

* Grupo comunista identificado com os chineses referendado pela ONU como legítimo representante do atual Camboja. (N.T.)

Smith emergiu de sua confusa compreensão de capital doméstico e internacional o bastante para deixar exposta a loucura dos planejadores econômicos dos países em desenvolvimento, que acreditam que a auto-suficiência na agricultura, na manufatura e nos transportes seja o caminho para a prosperidade. "Entretanto, tentar fazer as três coisas prematuramente e com capital insuficiente com certeza não é o caminho mais curto."[32] Mas ele não sabia que os Estados Unidos em breve dariam o exemplo contrário. "Caso os norte-americanos", ele sugeriu, "interrompessem a importação das manufaturas européias, concedendo assim o monopólio a seus compatriotas capazes de fabricar mercadorias semelhantes, ... eles iriam retardar, e não acelerar, o aumento do valor de sua produção anual."[33]

Nos 150 anos seguintes, os Estados Unidos iriam impor tarifas sobre os bens manufaturados estrangeiros, com taxações que variavam do "alto como o diabo" até o "ainda mais alto". O país, naturalmente, se tornaria a exceção que comprovava a regra, fazendo uso de um vasto livre mercado interno. É, porém, mais alarmante supor que Smith estava certo sobre os efeitos do protecionismo americano. Imaginem Estados Unidos tão ricos na década de 1850 quanto são hoje — só tendo como gastar seu dinheiro com mais escravos, saias-balão ainda mais espaçosas, mais chicotes para os cavalos e novas pistolas.

Tendo tornado incompreensíveis a utilização e o fluxo do capital, e nos deixado confusos sobre as economias em desenvolvimento, Smith prosseguiu, mergulhando em obscuridades sobre a taxa de retorno do investimento. "Mas muito raramente os retornos do comércio externo do consumo são tão imediatos quanto os do comércio doméstico."[34] Ao destacar o valor do lucro imediato, Smith argumentou contra seu próprio argumento em favor da agricultura. Fazer dinheiro com a agricultura é exatamente como ficar observando a grama crescer. Ele abordaria também a teoria da "velocidade do dinheiro", que seria plenamente apresentada por John Maynard Keynes na década de 1930 e que ninguém jamais compreendeu, nem o próprio Keynes.

Smith terminou o tópico sobre a globalização com uma observação a respeito da ingenuidade humana no exercício das liberdades de mercado que tornava sem sentido tudo o que acabara de referir a respeito do capital: "Vemos todo dia as mais esplêndidas fortunas, adquiridas no decorrer de apenas uma vida, no comércio e na manufatura, e freqüentemente a partir de capital bem pequeno — algumas vezes até sem nenhum capital."[35]

12. Ignorar os especialistas

De acordo com Smith: "Raramente se passam cinco anos sem que se publique algum livro ou panfleto ... simulando demonstrar que a riqueza da nação segue em célere declínio."[36]

13. E, especialmente, ignorar os economistas

Ter algum conhecimento de economia não altera o fato de que se trata de algo definitivamente impossível de conhecer. Os economistas não podem prever o futuro; pelo menos não mais que Jennifer Aniston* e Donald Rumsfeld** poderiam prever Brad Pitt e o Iraque.

---

* Atriz que alcançou celebridade no seriado televisivo *Friends*; foi casada com o ator Brad Pitt. (N.T.)

** Político e ex-secretário da Defesa dos Estados Unidos (2001-06), acusado de ter autorizado a tortura de presos no Iraque. (N.T.)

Comprovadamente Adam Smith sabia quase tudo o que se poderia saber sobre economia no final do século XVIII, mas ele não conseguiu prever a importância da "sociedade anônima" ou da corporação. O mentor do moderno capitalismo não acreditava que a instituição fundamental para o capitalismo moderno pudesse funcionar. Ele descreveu as corporações atribuindo-lhes "um imenso capital dividido por um imenso número de proprietários",[37] e concluiu: "Naturalmente, portanto, era de esperar que loucura, negligência e prodigalidade prevalecessem no todo administrativo de seus negócios."[38] É claro que Smith, como se demonstrou, estava certo com maior freqüência do que gostariam os investidores em ações ordinárias.

Mais incrível, porém, é o fato de Smith não ter previsto a Revolução Industrial. E, mais ainda, não a prever, sendo amigo de James Watt, inventor da máquina a vapor. Smith ajudou Watt a encontrar um local na Universidade de Glasgow onde pudesse realizar suas experiências, depois que a corporação local de ferreiros (empenhada ao extremo em provar, pelo exemplo negativo, a tese de Smith sobre liberdade de mercado) se recusou a permitir que Watt estabelecesse uma oficina na cidade. Smith conviveu com Watt em reuniões do Glasgow Dining Club e, enquanto escrevia *A riqueza das nações*, investiu em uma máquina para duplicação industrial, projeto desenvolvido por Watt. Além disso, ele admirava o gênio de Watt. Num dos primeiros esboços da *Riqueza*, registrou: "Só poderia ser filósofo quem pôde inventar a engenhoca de fogo."*[39] (Atribuir esse nome a equipamento de propulsão a

* No original, *fire engine*, que atualmente se traduz por "carro de bombeiros". Na época de Adam Smith, entretanto, significaria talvez a invenção posteriormente denominada máquina a vapor. (N.T.)

vapor faz pensar em homens com capacetes, mangueiras e capas tentando conduzir a engenhoca até nossa casa, enquanto o teto arde em chamas. Mas, justiça seja feita, é adequado.)

Adam Smith não previu a Revolução Industrial pela simples razão de que, em sua opinião, ela já ocorrera. Havia, ele sugeria, três modos de aumentar a "produção anual" — o PIB — de uma nação: pelo crescimento populacional, o que não faz muito pelo PIB *per capita*; pelo avanço de divisão do trabalho, o que tem seus óbvios limites (ou seja, eu poderia escrever os verbos e os substantivos, contratar alguém para os advérbios e adjetivos e ainda ter um operário ganhando salário mínimo só para inserir as preposições e as conjunções). A terceira forma de aumentar o PIB seria mediante "algum acréscimo e melhoria nessas máquinas e instrumentos que facilitam e abreviam o trabalho".[40] Smith percebeu de forma tão evidente que este último método era o mais importante que nem se deu ao trabalho de fazer exposição a seu respeito: no capítulo inicial do Livro 1 da *Riqueza* ele justifica: "Todos devem perceber quanto se facilita e abrevia o trabalho pela aplicação do maquinário apropriado. Não é necessário dar exemplo."[41]

O que Smith supôs equivocadamente não foi a natureza qualitativa da Revolução Industrial, mas suas enormes proporções, capazes de abalar o mundo. Ele se opunha às proféticas pretensões do planejamento econômico e provou estar certo com sua malsucedida atuação como cartomante econômico.

O fato de faltarem a Smith algumas letras no tabuleiro Ouija* deverá ser lembrado quando ouvirmos os especialistas

---

* Tabuleiro com letras, números e outros símbolos, além de peça móvel que, ao contato do dedo indicador de quem fez uma pergunta, se move a fim de fornecer a resposta. Usado para suposta comunicação com os espíritos. (N.T.)

pontificarem sobre a Revolução do Computador. Os resultados podem acabar sendo cerca de 12 vezes maiores do que se esperava (e 12 foi o número aproximado pelo qual o PIB *per capita* da Europa ocidental foi multiplicado entre 1820 e 1990). Ou podem esses resultados estar quase prontos e acabados, e a Revolução do Computador poderá ser lembrada sobretudo como o período em que pessoas de óculos fora de moda, calças Levi's folgadas e camisetas GOOGLE ME eram dignas de um namorico.

| 7 |

A riqueza das nações, Livro 3

"A diversidade do progresso da riqueza nas diferentes nações", e como temos a estupidez dos poderosos para ainda agradecer por isso

Os dois primeiros livros da *Riqueza das nações* constituem a profissão de fé de Adam Smith sobre o progresso econômico. Fé que ele não coloca na convicção de que o homem é bom ou Deus é grande, mas simplesmente na lógica do senso comum. Somos conclamados a tomar conta de nós mesmos e agimos segundo essa demanda. Nossas ações são demonstravelmente benéficas para os outros. A economia progride, QED* ou, segundo Smith, "se as instituições humanas não impedissem essas inclinações naturais".[1]

O Livro 3 da *Riqueza* é o olhar de Smith sobre as instituições que impedem isso e como fazer para contrariar esse impedimento. O título é enganoso. Smith compara a riqueza

---

* *Quod erat demonstrandum*, significando "o que era preciso demonstrar"; a expressão latina costuma encerrar demonstrações matemáticas ou lógicas. (N.T.)

em diferentes épocas mais que em diferentes lugares, numa concisa história econômica da Europa ocidental, desde a queda do Império Romano até o fim do feudalismo. Esse quadro, cujo ponto essencial tem pouco mais de 30 páginas, contém, talvez, a mais brilhante (e inquestionavelmente a mais sucinta) de todas as análises de Smith.

Seu esquema das causas e efeitos é particularmente brilhante para nós, os felizardos herdeiros do progresso econômico da Europa ocidental. A sorte costuma ser algo raro, mas ter acesso aos mecanismos pelos quais ela é produzida é quase inaudito. Ler o Livro 3 é como ter uma patinha de coelho sinalizando numa página do *Wall Street Journal* as ações mais quentes.

O que aconteceu com as províncias romanas da Europa no século V pode ser comparado à invasão das esposas dos conselheiros descrita por Smith na *Teoria dos sentimentos morais*. O "grande objetivo" dos bárbaros era, precisamente, "identificar ... a causa de todo tumulto e agitação, de toda pilhagem e injustiça".[2]

Smith afirma que a "pilhagem e a violência exercidas pelos bárbaros" deixaram a Europa ocidental "afundada no mais baixo estado de pobreza".[3] O comércio foi destruído, as cidades ficaram desertas, os campos foram abandonados sem cultivo. Mas, embora o domínio da lei e o título legal de propriedade que o acompanha fossem destruídos, o resultado não foi o "Imagine no possessions / I wonder if you can".* Nada no Império Romano arruinado, como nos aponta Smith, "foi deixado sem proprietário".[4] Um vácuo de poder não se pre-

* Versos de "Imagine" (1971), canção de John Lennon. (N.T.)

enche com meditações de um ídolo pop nem tampouco com anarco-sindicalistas; preenche-se com poder maior e pior. Os tacanhos chefes tribais que assaltaram a Europa ocidental fariam Mikhail Bakunin* parecer tão inofensivo e classe média quanto qualquer marido daquelas esposas de conselheiros.

Os líderes bárbaros não se apoderaram das terras a fim de enriquecer. Eles já eram ricos. Ir às compras é muito fácil e conveniente quando se está acompanhado de um bando de homens armados — ainda que não houvesse muitas opções de compra naquelas "eras tenebrosas". O que os bárbaros proprietários fizeram com o produto de seus domínios foi distribuir.

E não fizeram isso por generosidade, mas porque eram gananciosos e queriam mais poder. "Um grande proprietário", observou Smith, "sem ter com que trocar a maior parte da produção de suas terras, ... consome tudo na rústica hospitalidade de sua casa".[5] Isso não se referia às trupes de comediantes, aos torneios entre cavaleiros e a prováveis ossos de galinha espalhados pelo chão em alguma cadeia medieval de restaurantes; dizia respeito a sustentar assassinos. Quantos mais um chefe de clã pudesse sustentar, mais poderoso seria. Smith sinalizou que, nos tempos de William Rufus, filho de William o Conquistador, Westminster Hall não era a sede do Parlamento, mas uma reles sala de jantar. Segundo ele: "A terra era considerada meio não só de subsistência, mas de poder e de proteção."[6] A autoridade ... fluía do estado de propriedade."[7]

Que propriedade corresponda a poder é conceito de que os esquerdistas logo se apoderaram. Foi, entretanto, o capita-

* Revolucionário russo anarquista que viveu de 1814 a 1876 e foi um dos chefes da Associação Internacional dos Trabalhadores, fundada em Londres, em 1864, adotando as idéias de Karl Marx. (N.T.)

lismo que expandiu a definição de propriedade, enfraquecendo a equação. O poder costumava apoiar-se em determinada mercadoria. A quantidade de poder era finita porque também finita era a quantidade de terras. Qualquer poder que se pudesse obter era o poder que se tirava de alguém ao roubar seu quintal. Pela transformação do poder em dinheiro, e não em propriedade real, o capitalismo tornou o poder infinito e deu início ao processo de separar poder econômico e poder de dominar outros seres humanos: "Quem constrói ou mantém uma grande fortuna não obtém necessariamente poder político algum."[8] Os socialistas seriam os novos grandes senhores feudais, os assassinos protegidos. E eles iriam fazer a fonte de poder retornar à mercadoria limitada que é a política. Qualquer poder que possamos obter é o poder que tiramos de outrem quando fraudamos as eleições.

Feudalismo é hoje termo muito usado quando queremos desacreditar algum tipo de autoridade de que particularmente não gostamos. A disposição de Adam Smith contra o feudalismo era, porém, politicamente informada. Quando ele era jovem, estudando no Balliol College, de Oxford, os clãs feudais das regiões montanhosas da Escócia sublevaram-se na Rebelião Jacobita de 1745. Na época, tal como hoje, o elemento pessoal era o político. Os estudantes ingleses em Balliol eram tanto jacobitas quanto antiescoceses fanáticos. Smith era escocês e antijacobita.

Não só os sentimentos de Smith foram feridos nos tempos de escola. Os montanheses ameaçaram Kirkcaldy, sua cidade natal, e extorquiram dinheiro dos habitantes, incluindo a mãe de Smith. Glasgow, em cuja universidade ele estudava então, foi devastada. O dramaturgo John Home, seu amigo, liderou um grupo de estudantes voluntários em vã tentativa de manter os invasores longe de Edinburgo.

Outro amigo de Smith, o pastor presbiteriano liberal Alexander Carlyle, assim qualificou os montanheses que ocuparam Edinburgo: "Baixos e sujos, e de aparência desprezível",[9] descrição aplicável a toda a nobreza da Europa ocidental, desde Alarico até os tempos em que os aristocratas começaram a se casar com as estrelas de cinema americano.* Sobretudo se aplicarmos "baixos" ao temperamento e à capacidade de concentração, "sujos" à moral e "aparência desprezível" ao fato de a nobreza feudal ter surgido por toda a Europa ocidental.

Smith detestava os costumes de primogenitura e transmissão por morgadio que mantinham unidos os estados feudais. Os nobres se proibiam vender ou passar adiante qualquer terra, deixando-as todas para um único herdeiro. Faziam isso, escreveu Smith, "pela mais absurda de todas as suposições, ... a de que cada geração sucessiva de homens não tem o mesmo direito à terra e a tudo o que ela possui".[10] As restrições à transmissão de terras permitiram que os nobres se assegurassem de que a subsistência de todos dependesse deles, os políticos do bem-estar social daqueles tempos.

Havia outra razão para que se impedisse a auto-suficiência do povo em pequenas propriedades. Pequenos proprietários rurais eram melhores agricultores que os tolos em suas armaduras. "Raramente acontece", Smith observou, "que um grande proprietário seja um grande promotor de melhorias."[11] A primogenitura e o morgadio eram necessários para impe-

---

* Referência ao casamento do príncipe Rainier, de Mônaco, com Grace Kelly, então em fase destacada de sua carreira cinematográfica. (N.T.)

dir que os camponeses conseguissem o controle da economia. A classe dominante, continuava, estava sempre ocupada demais para poder ser produtiva. "Nos tempos desordenados que deram nascimento a essas instituições bárbaras, o grande proprietário ocupava-se suficientemente na defesa de seus próprios territórios ou ampliando sua jurisdição."[12] E quando a classe dominante não estava ocupada demais, era incompetente. "Desenvolver a terra de forma lucrativa", segundo Smith, "requer atenção precisa às pequenas economias e aos pequenos ganhos, coisa de que um homem nascido para uma grande fortuna ... raramente é capaz."[13] Deixem que os bandidos possuam a terra, e logo a Maria Leiteira, e o seu terreninho lamacento com cinco vacas, vai ser capaz de sustentar mais assassinos que Carlos Magno.

Smith considerava ultrajante o fato de "a propriedade de uma geração ser restringida e regulamentada segundo o capricho de quem morrera talvez 500 anos antes".[14] Ultraje, aliás, que persistia nos tempos de Smith, em meio à pequena nobreza proprietária de terras, e que ainda persiste hoje, quando escutamos dos ativistas ecológicos que não "possuímos" realmente a terra, pois ela "pertence às gerações futuras": a propriedade de uma geração deve ser restringida e regulamentada segundo o capricho de quem ainda nem nasceu. Talvez Jane Austen, em *Orgulho e preconceito*, pretendesse que a tola senhora Bennet expressasse inadvertidamente uma grande sabedoria: "Nao há como prever a situação das propriedades depois de herdadas."[15]

É fácil imaginar a vida nas propriedades da época feudal; imaginar ou ver: basta comprar uma "excursão de aventuras" a certas regiões da África, Ásia e América Latina. Nas "eras tenebrosas", todo mundo era como as crianças (descalças) que trabalham em fábricas de tênis da Guatemala. "Eram", Smith registrou, "todos ou quase todos escravos."[16] Escravos não têm direitos à propriedade privada. Os escravos feudais, porém, não tinham nem o direito a ser propriedade privada de alguém. Segundo Smith: "Considerava-se que eles pertencessem mais diretamente à terra que a seus senhores."[17] Os senhores, pelo menos, tinham algum interesse egoístico no bem-estar de seus escravos. A nobreza feudal, nem isso. Conseqüentemente, a terra da nobreza nunca foi muito produtiva. "Se raramente podemos esperar que os grandes proprietários implementem melhorias em sua terra", prosseguia Smith, "muito menos devemos esperar quando eles empregam escravos como trabalhadores."[18]

Aqui Smith aproveitou a oportunidade para apresentar sua argumentação econômica contra a escravidão: "Segundo acredito, a experiência de todas as épocas e nações demonstra que o trabalho executado por escravos, embora aparentemente custe apenas sua manutenção, é, no final, de todos o mais caro. Alguém incapaz de adquirir uma propriedade não tem outro interesse senão comer o máximo que puder e trabalhar o mínimo possível."[19] Esse não seria slogan recomendado a abolicionistas. O frio cálculo, porém, já fez mais pela humanidade que William Wilberforce, Harriet Beecher Stowe ou John Brown.*

* Respectivamente, político britânico (1759-1833) líder do movimento para acabar com o comércio de escravos; autora de clássico da literatura norte-americana que aborda os conflitos entre escravos e latifundiários; abolicionista norte-americano (1800-59) que combateu a prática de escravidão inicialmente de modo pacífico, depois chegando a insurreição armada. (N.T.)

Os escravos feudais ou servos podem ter-se sentido inclinados a sentar-se juntos para comer (quando houvesse algo para comer); mas não eram tolos. Aproveitaram-se da desordenada pilhagem da nobreza e de seu esquema de violência para manter por sua conta uma parte do comércio. Mesmo porque algum comércio é necessário até para a mais raquítica e pobre existência.

Incapaz de deter o comércio, a nobreza instituiu uma artimanha para se proteger. "Naquela época", Smith afirma, "a proteção raramente era concedida sem valiosa compensação."[20] Tampouco em nossos dias. Assim "taxas costumavam ser arrecadadas das pessoas e das mercadorias dos viajantes".[21] Os servos eram extorquidos ao atravessar terras de algum nobre ou ponte de sua propriedade, ao transportar mercadorias para alguma feira ou montar uma barraca para vendê-las. De acordo com Smith, os nomes ingleses dessas cobranças eram "*passage*, *pontage*, *lastage* e *stallage*",*[22] uma excelente lei, firmada talvez por sua sonoridade.

Com tão grande número de assassinos para sustentar, a nobreza estava sempre quebrada. Não demorou muito para os astutos servos perceberem que os nobres preferiam um pagamento integral ao ganho imprevisível, obtido com a esfolada, aqui e ali, de algum viajante. E, sem dúvida, foram mais espertos que os nobres ao calcular as vantagens de uma taxa fixa. Seus dedos para fazer os cálculos conservavam-se intactos, pois não costumavam mutilá-los em duelos de esgrima.

---

* *Passage*, "licença de trânsito ou passagem"; *pontage*, "pedágio"; *lastage*, "tonelagem"; *stallage*, "imposto pago pelo direito de manter barraca ou banca na feira". (N.T.)

Os comerciantes que faziam os pagamentos estabelecidos a alguém com autoridade, sendo por isso liberados de impostos e tarifas menores, eram conhecidos como "comerciantes livres" ou, porque comerciavam nos mercados das cidades, "burgueses livres". Os mercados urbanos cresceram até haver burgueses em número suficiente para se associar — não em desafio aos nobres, mas para os subornar com maior eficácia. Os burgueses reuniram-se em corporações. A corporação dava garantias ao senhor feudal de que receberia de uma vez todo o tributo devido pelos comerciantes livres, e até em quantia bem maior (descontando-se as taxas de transporte, é claro). E a corporação se encarregaria de toda a confusão e incômodo pelo recolhimento do dinheiro. Isso deixava os senhores feudais com muito mais tempo para seus duelos.

Ao empreenderem a arrecadação das taxas a eles impostas, os burgueses viam-se livres das visitas dos almoxarifes cobrando dívidas, além de outras interferências feudais. Com dinheiro e astúcia, afirmou Smith, os burgueses começaram a ter um mecanismo de controle sobre os próprios negócios, "o direito de dar as próprias filhas em casamento, de que seus filhos os sucedessem e de dispor de seus próprios pertences. ... Afastando-se, assim, dos atributos essenciais da servidão e da escravidão, eles ... se tornavam então realmente livres, no sentido atual da palavra liberdade".[23]

Acontece que as poderosas corporações, em vez de perverter os direitos privados de propriedade, são uma de suas fontes. E, embora a liberdade seja direito inerente ao ser humano, sabemos onde de fato conseguir nossa liberdade: nós a compramos.

Quanto ao preço pago, é um roubo. As liberdades que os burgueses compraram dos governantes feudais foram garantidas quase universalmente não por uma percentagem nos negócios dos comerciantes livres, mas por um preço anual fixado em ouro. Os senhores descendentes dos bárbaros baixinhos e sujos não entendiam nada de crescimento econômico ou de inflação. Só entendiam, aliás, de violência. É quase possível ouvir o prazer de Adam Smith:

> Todavia, parece estranho que os soberanos de todos os países da Europa trocassem assim, por um aluguel definido e fixo, que jamais seria aumentado, esse tipo de renda que, em comparação com todas as outras, tinha talvez, pelo curso natural das coisas, a maior probabilidade de aumentar, sem qualquer despesa ou cuidados de sua parte.[24]

Vocação para os negócios é invenção da classe média. Os antigos gregos e romanos, apesar de sua genialidade, não a tiveram — ou teriam abandonado o trabalho escravo, com seus encargos de seguro de saúde e planos de pensões. Teriam libertado os escravos, transformando-os em clientes, e transferido os trabalhos não especializados para a Sogdiana e a Gália.* Os burgueses medievais, além de se tornarem verdadeiramente livres, ficaram espertos em nosso atual sentido do termo. "Os hábitos", escreveu Smith, "da ordem, da economia e do cuidado, para os quais a profissão do comércio naturalmente molda o comerciante, o tornam muito mais apto a executar, com lucro e sucesso, qualquer projeto de desenvolvimento."[25]

---

* Respectivamente, antiga civilização formada por povos persas e denominação que os romanos atribuíam ao território além dos Alpes que corresponde hoje à França. (N.T.)

Bom governo também é invenção da classe média. A compreensão política era necessária à sobrevivência das cidades. Os burgueses eram como gansos botando ovos de ouro para os poderes feudais, e todos nós sabemos como essa história termina. Para evitar serem estripados — no sentido figurado e talvez literal também —, esses burgueses jogaram as potências feudais umas contra as outras.

Adam Smith não se permitiu extraviar-se na selva histórica a respeito de como se formaram os reinados e se fundiram os Estados-nação. Mas os invasores bárbaros tinham ficado impressionados com o grandioso e vasto conceito romano de *imperator*. Os nobres feudais estavam sempre aplicando a suserania sobre os nobres inferiores e declarando-se reis disto e daquilo.

"Os senhores desprezavam os burgueses", observou Smith, "que consideravam ... um bando de escravos emancipados. ... Os burgueses, naturalmente, odiavam e temiam os senhores. O rei também os odiava e temia, mas ... não tinha motivos para odiar, nem para temer os burgueses."[26] Quem poderia odiar uma desamparada fonte de renda? Nesse meio tempo, os inimigos do rei normalmente encontravam-se mais distantes que os dos senhores de terra locais, e por isso os burgueses gostavam mais do rei. "O interesse mútuo ... os predispunha a apoiar o rei, e o rei a apoiá-los contra os senhores."[27] (E permanece ainda hoje a afinidade entre comerciantes urbanos prósperos e um governo central forte, o que se evidencia nas opiniões políticas das elites urbanas. Assim também, a tradição de desamparo ainda forma as opiniões da elite urbana a respeito do controle de armas.)

Para operar com bom senso político, os burgueses tinham de ter sua própria política ao alcance da mão. As cidades sediciosas não conseguiam fazer pesar a balança do rei contra os nobres e a ambos sucumbiam. "O comércio e as manufaturas", registrou Smith, "gradualmente introduziram a ordem e o bom governo e, com eles, a liberdade e a segurança dos indivíduos em meio aos habitantes do país, que antes tinham vivido em estado quase contínuo de guerra contra os vizinhos e dependência servil com relação a seus superiores."[28]

Críticos esquerdistas dos livres mercados admitem que existe um aspecto fraudulento no capitalismo. E estão certos. Iludimos os poderes feudais para que nos deixassem livres, e permanecemos livres continuando a enganá-los. Usamos a trapaça e a esperteza para fundar nossas cidades, para nos tornar uma rica burguesia e nos abastecer com artigos de luxo. Deixamos a aristocracia bárbara em seus castelos cheios de correntes de ar, jogando os ossos de galinha pelo chão.

E de forma alguma deixamos de trapacear com a nobreza. Fizemos o pior que se pode fazer com os loucos: demos o que eles queriam. As cidades importaram bens luxuosos e desenvolveram artes e técnicas. Entre esses produtos, os nobres descobriram coisas em que preferiram gastar o dinheiro com que alimentavam assassinos. Os orçamentos dos banquetes foram aparados. A hospitalidade bárbara foi reduzida.

Adam Smith afirmou que a tendência dos senhores feudais ao egoísmo era tão elevada, que acabou por esmagar seu instinto de autopreservação:

> Tudo para nós, nada para os outros — essa parece ser, em todas as épocas do mundo, a máxima vil dos senhores da humanidade. Eis por que, tão logo os grandes proprietários conseguiram encontrar um modo de consumir eles mesmos o valor total de

> suas terras, não tiveram mais propensão a partilhá-las. Por um par de fivelas de diamante ou talvez algo igualmente frívolo e inútil, trocavam ... o preço do sustento anual de mil homens e, com isso, todo o peso e a autoridade que esse poderio era capaz de lhes assegurar. As fivelas, todavia, lhes pertenciam com exclusividade, e nenhuma outra criatura teria parte delas, porém, no sistema mais antigo, os senhores feudais tinham de partilhar sua renda no mínimo com mil pessoas, ... e, assim, para a satisfação da mais infantil, mais mesquinha e mais sórdida de todas as vaidades, eles gradualmente negociavam todo o poder e autoridade que possuíam.[29]

Jamais se queixe de que as pessoas no poder são idiotas, pois é essa sua melhor característica. Nos últimos anos presenciamos uma variedade de figuras poderosas permutarem sua autoridade pela satisfação de vaidades pueris. Talvez a família real saudita seja a próxima a sofrer o destino descrito abaixo por Adam Smith:

> Tendo vendido seus direitos de nascimento, não como Esaú, por um prato de lentilhas numa época de fome e necessidade, mas na leviandade da plenitude, por balangandãs e quinquilharias mais adequados às brincadeiras das crianças do que às sérias atividades dos homens, eles se tornaram tão insignificantes quanto qualquer sólido burguês ou comerciante de uma cidade.[30]

A destruição da opressão feudal, o estabelecimento do princípio do autogoverno e a criação da "liberdade, em nosso atual sentido da palavra" — tudo isso não passou de trapaça. Não houve discursos apaixonados feitos por idealistas visionários. Nenhum herói levou as massas a quebrar seus grilhões.

Ninguém foi martirizado pela causa. "Uma revolução da maior importância para o bem-estar público", concluiu Smith, "foi, assim, levada a efeito por duas categorias que não tinham a menor intenção de servir ao público."[31]

8

A riqueza das nações, Livro 4

"Dos sistemas de economia política." Adam Smith trata da ameaça do comércio chinês

Se fôssemos apontar um único motivo para recomendar a leitura da *Riqueza das nações*, ele poderia ser expresso em apenas três palavras: "livre comércio mundial". Ou, já que existe um exemplo específico de livre comércio mundial que nos deixa mais alarmados que qualquer outro, uma única palavra seria suficiente: China.

Pensar na China parece induzir a treinamentos intelectuais chineses contra incêndios, fazendo com que pessoas, que de outro modo possuem um raciocínio claro, se intoxiquem de cálculos — mais difíceis que a matemática chinesa — sobre o que isto, aquilo ou aquilo outro teria a ver com o preço do chá você sabe muito bem onde. *As viagens de Marco Polo* nos provocaram espanto e perplexidade com relação à China. Ela é tão grande, tão populosa, tão... chinesa... E até o final do século XIII ninguém sequer se dava conta de que ela estava lá.

Temos comerciado com a China, quer saibamos disso ou não, desde os tempos do Império Romano, mas esse comércio continua a ser fonte de surpresas e de choques. Parece que os chineses estão vendendo tudo para nós. E nós não estamos vendendo praticamente nada para a China. A China está ficando cada vez mais ferozmente rica. E o que vai ser de nós?

Artigos alarmantes sobre balança comercial espalham-se pelo *New York Times* e outros grandes jornais. Em 2005 comecei a recortar esses artigos de jornal e guardá-los no bolso, até ficar parecendo um judas a ser queimado (destino nem sempre imerecido para amadores que se atrevem a escrever sobre economia).

Os Estados Unidos importam muito mais do que exportam, em grande parte graças ao comércio chinês. Em minha casa, leio etiquetas MADE IN CHINA em tudo, com exceção das crianças e dos cachorros. E não estou lá muito certo quanto às crianças: elas têm olhos castanhos e os narizes são pequenininhos...

Em junho de 2005, o déficit comercial quinzenal chegou a 195 bilhões de dólares. O *New York Times* declarou que "a notícia reacende preocupações de que a economia não possa sustentar o crescente nível do débito mundial". A importação de todos os nossos artigos, com exceção dos Golden Retrieves,* significa que o dinheiro norte-americano precisa ser enviado para fora a fim de pagar as contas. O dinheiro é uma nota promissória. E a pilha das IOUS** americanas está crescendo. O artigo do *Times* indicava que "os Estados Unidos de

* Raça de cães de origem britânica. (N.T.)

** Abreviatura de *I owe you*, isto é, "eu lhe devo". (N.T.)

fato tomam emprestado todos os dias 2,1 bilhões de dólares para impedir que a economia afunde".

Pouco importa que um "déficit atual nas contas" internacionais não se possa comparar a um débito privado. Hu Jintao* não virá bater à minha porta ameaçando pegar de volta meu DVD-player porque eu lhe devo 50 dólares.

O que, entretanto, não impediu que o *New York Times* recolhesse declarações de pessoas em pânico. O senador Byron Dorgan, de Dakota do Norte, comentou que o déficit atingia "níveis perigosos, que prejudicam o futuro deste país". E Benjamin L. Cardin, congressista de Maryland, afirmou (empregando o sinônimo de "futuro" que aciona o alarme de proteção contra conversa fiada): "O déficit levanta sérias questões a respeito de sermos ou não capazes de controlar nosso destino."

Um artigo na *New York Times Magazine,* também em junho de 2005, proclamava que "está ganhando força um sutil pânico quanto à crise da dívida e seus possíveis efeitos na economia norte-americana". Paul Volcker, ex-presidente do Banco Central, também foi citado: "No total, as circunstâncias me parecem tão perigosas e intratáveis como nenhuma outra de que eu me lembre." Volcker foi presidente do Banco Central durante a lamentável administração Carter, de modo que essa declaração tem peso bastante significativo, ainda que talvez ele não se lembrasse de como Rosalind Carter também pode ser perigosa e intratável.

Num artigo na sessão *op-ed*** do *Washington Post* de fevereiro de 2005, Jim Hoagland, veterano correspondente estran-

---

* Atual presidente da China. (N.T.)

**Página de jornal dedicada a artigos assinados por diversos comentaristas, ensaístas, humoristas etc., com variados pontos de vista.Também chamada "Página de Op-ed" (de op-osição e ed-itorial). (N.T.)

geiro, informou: "Um punhado de países asiáticos encabeçados pela China ... detêm quase 70% das reservas mundiais de câmbio estrangeiro. ... Essa é a nova balança mundial do terror: a China ... pode derrubar a economia dos Estados Unidos por estar liquidando maciçamente o dólar."

Os especialistas ficaram muito transtornados com o que estava acontecendo ao dinheiro americano, bem como ao dinheiro chinês. Parece que os chineses vinham insistindo em afirmar que seu dinheiro, o *yuan*, está cotado muito abaixo do que afirma qualquer teoria — atual e na moda de preços. Os "críticos da China", observou o *New York Times* (o próprio jornal sendo exemplo significativo) "acusam o *yuan* de estar sendo desvalorizado de maneira perversa, ... dando aos fabricantes chineses injusta vantagem competitiva".

Na questão do livre comércio, a moeda do outro país *não pode ser* baixa demais. Seria como um corretor imobiliário de Los Angeles declarar que "está vendendo uma casa em Beverly Hills. O preço é cinco milhões de dólares, mas o proprietário aceita cinco milhões de pesos mexicanos".

Uma leitura, mesmo que apressada, da *Riqueza das nações* poderia acalmar Schumer, Graham, Hoagland e todos os outros.

Ou talvez não. Esses homens fazem parte do establishment norte-americano. E Adam Smith era um ativista antiestablishment, ou seja, uma ameaça ao poder e privilégio deles. Smith tentava melhorar a situação econômica do povo, empreendimento subversivo, como demonstrou o Livro 3 da *Riqueza*, que descreve a destruição do feudalismo. Parte considerável da subversão de Smith foi sua tentativa de refutar o pensamento mercantilista de seu tempo (do *Times*, se ele pudesse prever o futuro).

No Livro 4, para arrasar os mercantilistas, Smith dedica espaço equivalente ao que usou no Livro 1 para apresentar seus princípios básicos da livre divisão de trabalho e da liberdade de comércio. O ataque contra o establishment mercantil levou-o a retomar alguns de seus argumentos anteriores. Novamente ele aplicou a lógica a certas questões, como a dos subsídios governamentais à indústria doméstica: "O comércio que não pode ser realizado a não ser através de subvenção é necessariamente um comércio perdedor."[1] E apresentou novas provas de que o valor do dinheiro é subjetivo, para o caso de alguma equipe editorial do século XVIII do *New York Times* não ter compreendido bem da primeira vez. E tentou fazer com que essas reiterações fossem merecedoras de seus mais astutos leitores. A respeito das valorizações da moeda, oferece o seguinte:

> Durante algum tempo depois da descoberta da América, a primeira pergunta dos espanhóis ... era sempre: seria possível encontrar ouro ou prata nas imediações? ... Plano Carpino, um monge enviado como embaixador do rei da França a um dos filhos do famoso Gengis Khan, conta que os tártaros costumavam perguntar-lhe com freqüência: havia muitos carneiros e bois no reino da França? Suas perguntas e as dos espanhóis tinham o mesmo objetivo: sondavam se o país era rico o bastante para merecer a conquista. Entre os tártaros, ... o gado era o instrumento do comércio e a medida do valor. Dessa forma, segundo eles, a riqueza consistia em gado, tal como para os espanhóis consistia em ouro e prata. Das duas noções, talvez a dos tártaros fosse a mais próxima da verdade.[2]

Os mercantilistas jamais poderiam acreditar que as vacas em seus bolsos não fossem a real medida de sua riqueza.

Eles não podiam ver que, como explicou Smith, "as mercadorias podem servir a muitos outros objetivos, além de comprar dinheiro, enquanto o dinheiro não serve para nenhum outro objetivo senão comprar mercadorias".[3]

O dinheiro que sai constitui algum tipo de problema, não importa quantas mercadorias eletrônicas de alta qualidade e de baixo preço entrem. "Que o comércio exterior enriqueceu o país, isso foi demonstrado pela experiência", declarou Smith, "mas como, ou de que maneira, nenhum deles soube bem."[4]

Os mercantilistas acreditavam que uma balança comercial positiva, com o seu excedente de conta corrente, era algo a ser buscado ou, antes — para senadores como Schumer e Graham —, legislado. Alguém poderia dizer que Smith triunfou nesse debate. Há muitas coisas agradáveis de se ler no Livro 4, mas seria melhor sugerir saltá-lo, posto que ali Smith não faz mais que surrar um cachorro morto. Entretanto, agora mesmo nos Estados Unidos, temos *A noite dos cavalos mortos-vivos*.

"Não existe país comercial na Europa cuja ruína iminente não tivesse sido prevista ... a partir de uma balança comercial desfavorável",[5] registrou Smith, tornando velhíssimas as notícias do *New York Times* e do *Washington Post*. "Nada", ele continuou, "pode ser mais absurdo que toda essa doutrina de balança comercial."[6] Como já havia esclarecido, todo comércio livremente conduzido é equilibrado por definição. E a definição não irá mudar porque um comerciante tem um iPod e o outro uma IOU.

Convenhamos, em nome da argumentação, que incorrer em grandes débitos para obter iPods pequenininhos é muito ruim. Tentar resolver isso, entretanto, é pior ainda. Impor restrições governamentais ao comércio significa abrir mão de nossa liberdade. Submetemos nossa capacidade de tomar decisões, segundo as palavras de Smith, à "capacidade daquele animal insidioso e astuto, vulgarmente chamado de estadista, ou político, cujo aconselhamento é orientado pelas flutuações momentâneas dos negócios".[7] E a respeito desses que vulgarmente são assim chamados, Smith opinou:

> O estadista, que deveria orientar as pessoas individualmente sobre a melhor forma de empregar seu capital, ... assumiria uma autoridade que não pode ser confiada com segurança a ninguém em particular, e menos ainda a nenhum conselho ou senado que fosse, e que em lugar algum seria tão perigosa quanto nas mãos de um homem que tivesse a loucura e a presunção suficientes para se julgar capaz de exercê-la.[8]

Além disso, argumentava Smith, esse insidioso e astuto animal do tipo Schumer ou Graham é também um porco opressor: "Proibir um grande povo ... de fazer tudo o que puder de todos os setores da sua produção, ou de empregar seus estoques e indústria na forma como julgar mais vantajosa para si próprio, é uma violação manifesta dos mais sagrados direitos da humanidade."[9]

Se, no momento atual, os chineses são o "grande povo", e daí? Adam Smith previu a capacidade industrial chinesa (mesmo que não tenha previsto a Revolução Industrial): "Por meio de uma navegação mais extensa, os chineses aprenderiam naturalmente a arte de usar e de construir para si próprios todas as diferentes máquinas postas em uso por outros países."[10] Mas, nos tempos de Smith, o problema eram os pensadores perspicazes da época, não os de hoje. Em sua opinião: "Os chineses têm muito pouco respeito pelo comércio exterior.

Seu miserável comércio! — foram esses os termos empregados pelos mandarins de Pequim falando com o sr. de Lange, o enviado russo."[11] (Aparentemente eles o convenceram. O comércio russo ainda é miserável em tudo, à exceção de petróleo, gasolina e ogivas nucleares roubadas.)

Smith desprezava a retaliação comercial. "Esses trabalhadores ... que sofreram com a proibição imposta por nossos vizinhos não serão beneficiados pelas nossas. Pelo contrário, eles e quase todas as outras classes de cidadãos nossos serão obrigados por isso a pagar mais caro que antes por certas mercadorias."[12]

E Smith desmentiu as declarações de que as tarifas protegem a classe operária: "Impor-lhes uma nova taxa ... e, porque eles já pagam caro demais pelos artigos básicos, fazê-los também pagar demasiadamente caro pela maior parte dos demais artigos, é com certeza uma forma extremamente absurda de compensação."[13]

Quanto à saída de todo o nosso dinheiro para o exterior, Smith mostrou no Livro 2 da *Riqueza* por que isso não prejudica uma economia: "Não devemos imaginar que ele seja enviado ao exterior de graça."[14] E Smith referia-se então a lingotes de ouro. O ouro sempre *tem* algum valor, pelo menos nos aniversários de casamento, se estamos querendo levar uma vida tranqüila. O dinheiro norte-americano que os chineses estão obtendo é moeda fiduciária, que se pode transformar em papel velho a qualquer momento. Não é recomendável dar papel velho de presente a ninguém, nem no primeiro aniversário de casamento — ainda que se chame "bodas de papel".

Ao manter dólares e títulos de ações que correspondem a dólares, a China está comprando nosso débito. Smith declarou que "um homem só pode estar completamente louco se ... não empregar todo o capital que administra, seja seu ou emprestado". Se os norte-americanos pensam que estão usando todo o capital em que podem pôr a mão "da maneira que julguem mais vantajosa para eles", seriam loucos se não estivessem endividados.

Os chineses, obviamente, estão confiantes em que o dinheiro americano não vai virar lixo, bem como em que os americanos estão fazendo bom uso do capital, ou não o estariam emprestando a nós. Na verdade, o mundo inteiro parece estar confiante nos Estados Unidos, mais do que na China, aliás. Não há nenhuma corrida para acumular o débito chinês. A Smith Barney* não nos está pressionando para comprarmos *yuans*.

Todo o mundo confia nos Estados Unidos, à exceção dos formadores de opinião norte-americanos. Esses estão preocupados com... — na verdade, baseando-me nos alarmantes recortes de jornal, eu não saberia dizer exatamente com o que eles estão preocupados.

Se o dólar se mantiver bem cotado, vamos continuar com esse terrível déficit comercial. Se, porém, o dólar começar a substituir o jornal velho para seu cachorrinho fazer xixi, os chineses poderão querer algo mais substancial em troca do que mandam para nós. Talvez tenhamos de lhes dar um caça invisível, em troca de um novo celular.

Se Adam Smith estivesse vivo, nos apontaria o caso do Japão nos anos 1980. Os japoneses continuaram nos mandando

---

* Tradicional divisão da Citigroup Global Capital Markets Inc., de administração financeira e de seguros. (N.T.)

rádios, aparelhos de TV, sistemas de som e automóveis, e nós continuamos mandando dinheiro para eles. Os japoneses não queriam nada que fosse feito nos Estados Unidos, exceto fitas cassete de Michael Jackson, e nem entrávamos com a parte mais cara da coisa: a fita cassete em si. Então, os japoneses resolveram comprar os Estados Unidos. Compraram edifícios comerciais, campos de golfe e hotéis. Elevaram o preço de mercado dos bens imobiliários americanos até a bolha fazer o que normalmente faz. Até os anos 1990, os Estados Unidos tinham todos os rádios, TVs, sistemas de som e automóveis, todos os edifícios comerciais, campos de golfe, hotéis — e todo o dinheiro também

Talvez os chineses sejam mais bem-sucedidos que os japoneses em sua tentativa de nos tornar pobres dando-nos coisas. Somos livres para recusar o oferecimento, e os chineses não têm meios para forçar o comércio. Não lutaram contra nós em nenhuma guerra — como os ingleses fizeram contra eles na Guerra do Ópio — para nos forçar a aceitar seus produtos segundo seus termos. (Embora pareça que *alguém* faz uma Guerra do Ópio contra nós, a julgar pelo que está ocorrendo nas favelas norte americanas.)

A guerra, destacou Smith, era a melhor justificativa dos mercantilistas para reduzir impostos e limitar a dívida externa. Um déficit de conta corrente pode não ter economicamente significado algum, "mas eles pensam", observou Smith, "que é diferente com países ... que são obrigados a realizar guerras no exterior e manter frotas e exércitos em países distantes. Isso, eles alegam, só pode ser feito a não ser enviando dinheiro para fora do país, para lhes pagar. E uma nação não pode enviar muito dinheiro para fora, a menos que tenha muito em casa".[15]

A política mercantilista era de "restrições à importação e estímulos à exportação".[16] Se implementarmos essa política, entretanto, estaremos tentando fazer em nosso país, em tempos de paz, o que tentamos fazer com um inimigo durante a guerra. Ou seja, em tempos de guerra, restringimos a importação do inimigo por meio de bloqueios, e estimulamos o inimigo a exportar bombas, balas e mísseis de artilharia.

Atacar simultaneamente a nós e aos outros não parece uma boa maneira de conduzir uma guerra. E eu nem mesmo sabia que há membros do Senado norte-americano planejando declarar guerra à China, embora isso não devesse constituir surpresa. Referindo-se às superpotências do século XVIII, Grã-Bretanha e França, Smith considerou: "Sendo vizinhos, eles necessariamente são inimigos."[17] E hoje somos todos vizinhos na aldeia global.

Smith pensava que uma nação deveria "encarar as riquezas dos vizinhos como provável causa e oportunidade para ela própria adquirir riquezas".[18] Não achava provável, porém, que essa atitude se sustentasse: "Cada nação desenvolveu-se olhando com inveja a prosperidade de todas as nações com quem negociava, e o ganho de cada uma como sua própria perda. O comércio, que deveria naturalmente ser, entre as nações como entre os indivíduos, elemento de união e amizade, tornou-se a mais fértil fonte de discórdia e inimizade."[19]

Então talvez terminemos num conflito armado com a China — as Guerras dos Artigos Eletrônicos de Consumo — com canhoneiras chinesas atravessando as fontes de nossos shoppings. Mesmo que venha a guerra, não devemos nos preocupar com o fato de os chineses terem todo o nosso dinheiro. "Frotas e exércitos não são sustentados com ouro e prata", pontuou Smith, "mas com bens de consumo."[20] Epa! Devemos nos preocupar, sim! Os chineses estão fabricando todos os nossos bens de consumo. Nossa balança comercial desfavorável com a China destruiu toda a nossa infra-estrutura industrial. Não temos fábricas nem operários qualificados para nos lançar numa guerra de vulto.

E, mesmo assim, tal como este livro, os Estados Unidos estão de fato em meio a uma guerra. Uma guerra que se revelou de grande vulto. E os helicópteros militares norte-americanos não estão entrando em formação na Província de Guangdong.

O poder militar depende do sucesso econômico. O sucesso econômico depende da liberdade. Segundo Smith: "Nenhuma regulamentação do comércio pode aumentar a quantidade de indústrias em qualquer sociedade. ... Pode apenas desviar parte dela para uma direção que, de outro modo, não teria seguido."[21] Graças ao capitalismo, qualquer indústria segue nessa direção se ali vislumbra possibilidade de sucesso econômico. Schumer e Graham deveriam calar a boca. Esta foi a mais importante recomendação de política pública de Smith para alcançar o sucesso econômico: "A lei deve sempre confiar ao povo o cuidado de seu próprio interesse, uma vez que ... em geral ele deve ser capaz de julgar a esse respeito melhor que o legislador."[22]

Uma balança comercial negativa, declarou Smith, não invalida aquela regra:

> Uma nação pode importar valor maior do que exporta durante meio século ..., mesmo que os débitos que ela contrai com as principais nações com quem negocia possam gradativamente aumentar. E mesmo assim sua riqueza real, o

> valor trocável da produção anual de suas terras e trabalho, pode, durante o mesmo período, crescer em proporção muito maior.[23]

Os futuros neomercantilistas americanos ficariam surpresos com o exemplo de Smith para provar seu ponto de vista: "O estado de nossas colônias norte-americanas e do comércio que elas realizaram com a Grã-Bretanha, antes do início dos atuais distúrbios, podem servir como prova de que essa de forma alguma é uma suposição impossível."[24]

Em 1776, a Grã-Bretanha era o país mais poderoso do mundo. A razão disso, segundo Smith, era simples: "A segurança que as leis na Grã-Bretanha dão a todo homem de que ele gozará dos frutos do próprio trabalho é suficiente para desenvolver qualquer país."[25] As restrições a esse gozo — incluídas as que se referem a passar um final de semana deitado no sofá ajustando o controle remoto de uma TV de plasma *made in China* — não reforçam esse desenvolvimento.

Em 1776, a Grã-Bretanha era tão poderosa que só poderia ser derrotada por um povo decidido a estabelecer leis que lhe desse segurança maior que todos os frutos que ela pudesse comer.

9

A riqueza das nações, Livro 4, continuação

Adam Smith *versus* os suínos ideológicos, quando eles ainda são porquinhos engraçadinhos, soltando aqueles grunhidos

Os mercantilistas não eram o único alvo de Adam Smith. O Livro 4 da *Riqueza* também apresenta polido (mas nem tanto) ataque aos fisiocratas franceses. Smith era amigo dos membros da escola fisiocrata. Admirava seu fundador, o médico da corte François Quesnay, a ponto de ter pretendido dedicar-lhe *A riqueza das nações*. Quesnay, porém, faleceu pouco antes da publicação do livro, o que talvez tenha sido bastante oportuno, considerando-se o que se fala na *Riqueza* a respeito dos fisiocratas. Smith também respeitava muito a capacidade de dois dos mais importantes discípulos de Quesnay: Anne-Robert-Jacques Turgot, que foi auditor de finanças de Luís XVI, e Pierre-Samuel Du Pont de Nemours, que se tornou conselheiro econômico do governo revolucionário francês, até ser denunciado como pouco radical.

Os princípios dos fisiocratas eram tão pouco radicais que, ao ouvi-los pela primeira vez, pareciam os de algum republicano do Country Clube, ou de *tories* provincianos. Os fisiocratas acreditavam na propriedade privada, no governo mínimo e na não-interferência burocrática. Foi Vincent de Gournay, precursor dos fisiocratas — que eles consideravam uma espécie de João Batista de seu pensamento — que cunhou a expressão *laissez-faire*. Os fisiocratas respeitavam a lei. Quando Luís XVI era delfim, Quesnay aconselhou-o, quando se tornasse rei, a nada fazer "a não ser deixar as leis seguirem seu curso", conselho infeliz, aliás, a julgar pelas leis que os jacobinos iriam aprovar. Mas, afinal, os fisiocratas sempre foram céticos quanto à democracia popular.

Os fisiocratas referiam-se a si próprios como *economistas* e foram os primeiros estudiosos de economia a reivindicar tal título. Até então, o termo *economista* significava alguém bom em pechinchar e poupar. Os fisiocratas também foram os primeiros a formular uma teoria econômica coerente. Adam Smith concordou com todas as suas deduções econômicas, concordou com tudo relativo à teoria — à exceção da sua.

Os fisiocratas aplicaram excessivamente o poder do raciocínio aos conceitos de trabalho "produtivo" e "improdutivo". A distinção entre os dois foi bastante superficial na análise posterior e mais comedida de Adam Smith, mas os fisiocratas estavam obcecados pelo assunto. Eles se convenceram de que, como resumiu Smith, "o trabalho de artífices e fabricantes jamais acrescenta algo ao valor anual total do produto bruto da terra", e "o capital mercantil é igualmente estéril e improdutivo".[1] Para aumentar a riqueza de uma nação, a agricultura era tudo o que importava. Entretanto, os fisiocratas decidiram que a mineração também era de grande ajuda. Então encaixaram a mineração na agricultura, como se, aos camponeses franceses cavando para plantar nabos, bastasse cavar só um pouquinho mais fundo para obter ferro e carvão.

Os fisiocratas consideraram "estéreis" quaisquer ocupações além da agrícola, ainda que fossem simultaneamente "úteis". Eles não propunham restringir o comércio ou a manufatura e sustentavam que, novamente segundo as palavras de Smith, "jamais poderá ser do interesse dos proprietários e cultivadores restringir ou desencorajar de forma alguma a indústria dos mercadores, artífices e fabricantes".[2] Assim, os fisiocratas reconheceram a importância do comércio e da manufatura, mas não admitiram isso. O que os colocou no mesmo plano de entendimento em que se encontravam os mercantilistas, que se deram conta de que "o comércio enriquecia o país, ... mas como, ou de que maneira, nenhum deles sabia bem".

Smith reprovou a teoria dos fisiocratas ao longo de algumas bem monótonas páginas; poderia ter se poupado esse esforço com uma só palavra bem escolhida, mas *bosta* não entrou em uso como expletivo antes da chegada do século XX.

Algo nos fisiocratas, entretanto, incomodava Smith mais que o fato de eles estarem errados. Ele acreditava que a economia se moldava segundo a natureza do homem, e os fisiocratas, que a natureza do homem se moldava de acordo com a economia. Eles achavam que os países comerciantes e manufatureiros só se poderiam tornar mais ricos por meio da economia no sentido antigo — estocar renda para produzir mais capital —, enquanto os países agrícolas poderiam enriquecer produzindo mais alimentos, fazendo todo mundo ficar gordo e feliz sem nenhuma necessidade de estocar o que quer que fosse. Smith assim detalhou o pensamento fisiocrático:

> Dessa forma, nações como a França ou a Inglaterra, que em grande medida consistem em proprietários e agricultores, podem tornar-se ricas pela indústria e a diversão. Pelo contrário, nações como a Holanda e Hamburgo, compostas principalmente de mercadores, artífices e fabricantes, só se tornam ricas pela parcimônia e a privação. Assim como o interesse dessas nações, tão diversamente circunstanciadas, é muito diferente, também o é o caráter comum do povo. Nas nações da primeira espécie, a liberalidade, a franqueza e o bom companheirismo fazem naturalmente parte desse caráter comum. Nas da segunda, são a mediocridade, a maldade e a disposição egoística, avessa a qualquer prazer social e diversão.[3]

Essa passagem é raro exemplo de sarcasmo em Adam Smith. Ele era escocês, e a prosperidade da Escócia devia-se a mercadores, artífices e fabricantes. A totalidade das regiões agrícolas da Escócia era quase tão soturna e feudal quanto na época do levante dos montanheses. Smith viveu na Inglaterra durante seis anos, estudando em Oxford. Sua experiência não poderia ser descrita como a de prazer social e diversão. A França era cenário de privações, despotismo e intrigas, permeada do mau companheirismo que levaria à Revolução. Holanda e Hamburgo eram os lugares mais ricos da Europa, bem povoados por confortáveis burgueses, famosos por sua felicidade doméstica.

Smith também considerava os fisiocratas aferrados demais ao idealismo para seu próprio bem, ou o bem de qualquer um. Segundo Smith (em outra instância de sarcasmo), os fisiocratas acreditavam que "o estabelecimento da perfeita justiça, da perfeita liberdade e da perfeita igualdade é o simples segredo que mais eficazmente garante o alto grau de prosperidade".[4] Mas ele acrescentava: "Se é impossível a uma nação prosperar sem o gozo da perfeita liberdade e da perfeita justiça, então não existe no mundo nação que pudesse jamais ter prosperado."[5]

Comumente apresenta-se Adam Smith como alguém que, a exemplo dos fisiocratas, tinha uma teoria econômica. Há muitas teorias na *Riqueza das nações*, mas nenhum sistema teórico que Smith tivesse desejado expor, a não ser "o óbvio e simples sistema da liberdade natural [que] se estabelece espontaneamente".[6]

Os fisiocratas não só tinham um sistema teórico como o consideravam essencial — tal como posteriormente os marxistas iriam considerar o marxismo. Smith citou outro discípulo de Quesnay, o marquês de Mirabeau, sobre "as três grandes invenções que mais contribuíram para a estabilidade das sociedades políticas"[7], que o marquês relacionou como: a escrita, o dinheiro e o *Tableau économique* de Quesnay.

O perigo dos sistemas teóricos foi algo que Smith abordou juntamente com sua própria teoria na Parte VI da *Teoria dos sentimentos morais*. Na verdade, essa seção do livro foi escrita depois da *Riqueza das nações*. A publicação da *Teoria dos sentimentos morais* deu-se em 1759, quando Smith lecionava em Glasgow. Nessa época ele conheceu os fisiocratas e teve contato com seu sistema de economia política. Na Parte VI, intitulada "Sobre o caráter da virtude", Smith situou o mal dos sistemas políticos — segundo o grande tema da *Teoria dos sentimentos morais* — na falta de imaginação. Criar um sistema político teórico requer imaginação, efetivamente, mas — afirmou Smith —, para colocá-lo em prática, há também um lado não imaginativo:

> Graças a certo espírito de sistema, ... parece às vezes que valorizamos mais os meios que os fins, e que estamos ávidos em promover a felicidade de nossos companheiros partindo preferencialmente de uma determinada visão que aperfeiçoe e melhore certo sistema belo e organizado, e não de qualquer sentido imediato ou sentimento a respeito do que eles sofrem ou de que desfrutam.[8]

Os teóricos, observou Smith, podem ficar "intoxicados pela beleza imaginária desse sistema ideal",[9] até que "esse espírito público, fundado sobre o amor da humanidade",[10] seja corrompido por um espírito de sistema que "o inflame até mesmo à loucura do fanatismo".[11]

Os fisiocratas eram moderados, inofensivos e bem-intencionados. Na artificialidade de seu sistema exageradamente sistemático e na idéia de que os sistemas artificiais modificam os homens, estavam, entretanto, as sementes de milhares de assassinos. E suas tolas doutrinas sobre a terra agriculturável levariam a atrocidades coloniais da época vitoriana e induziriam a Primeira Guerra Mundial do *kaiser*, a Segunda do *führer*, a ruína da Ucrânia por Stálin e a fome na China de Mao. Nos dois séculos posteriores aos fisiocratas, os excessos da teoria matariam mais gente que os excessos da tecnologia em todos os séculos precedentes. (E, para apontar mais uma pequena semente, o feroz Mirabeau da Revolução Francesa era filho daquele suave marquês fisiocrata.)

Antes que o totalitarismo jamais fosse experimentado, o desdém de Adam Smith já o antevia:

> O homem do sistema ... está propenso a acreditar em idéias; e está muitas vezes de tal modo enamorado da suposta bele-

> za de seu próprio plano ideal de governo, que não pode suportar o menor desvio de nenhuma parte dele. ... Ele parece imaginar que pode arrumar os vários membros de uma grande sociedade com tanta facilidade quanto a mão arruma as várias peças num tabuleiro de xadrez.[12]

O arame farpado parece sempre necessário para manter os peões em suas posições.

A Parte VI da *Teoria dos sentimentos morais* costuma ser lida em referência aos elaboradores da Constituição da Assembléia Nacional nos primeiros dias da Revolução Francesa, e não aos fisiocratas. O Juramento do Jogo da Péla teve lugar em 20 de junho de 1789. A revisão de Smith dos originais da *Teoria dos sentimentos morais* deveria ser enviada ao editor naquele mesmo mês. Presumindo que Smith tenha se atrasado no manuscrito, como fazem os autores às vezes, houve tempo para que ambas as leituras da Parte VI fossem adequadas.

Se, porém, Smith estivesse criticando a Revolução Francesa, nunca soube o quanto estava certo. Ele faleceu em julho de 1790, quando a decapitação do rei e da rainha da França e o reinado do Terror ainda eram coisas do futuro. A plena feiúra da ideologia secular não foi evidente para Adam Smith. Disputas sobre o "lugar" — na Terra ou no Céu — ainda eram a principal preocupação dos sensíveis observadores políticos do século XVIII.

Smith pôde ter visão imparcial dos sistemas políticos teóricos e, sem nenhum conhecimento prévio da Liga das Nações ou dos nazistas, declarou: "Mesmo os mais fracos e piores deles não são totalmente desprovidos de utilidade."[13]

Ele foi firme em sua contestação da escola fisiocrata, porém muito brando com os fisiocratas. Na *Riqueza das nações* Smith se referiu à teoria deles como "esse liberal e generoso sistema"[14] que talvez fosse, declarou, "a maior aproximação da verdade já publicada sobre o tema da economia política".[15] (A do próprio Smith, claro, ainda aguardava publicação.)

Felizmente, a aproximação da verdade de Smith foi bem mais íntima. *A riqueza das nações* é menos um R que um diagnóstico. Está livre, em sua maior parte, de todas as perfeitas abstrações pelas quais os homens matam e morrem. É difícil imaginar uma furiosa multidão montando barricadas e gritando, enquanto se arremessa sobre os gendarmes: "DAS CAUSAS DA MELHORIA NAS FORÇAS PRODUTIVAS DO TRABALHO, E DA ORDEM SEGUNDO A QUAL SEU PRODUTO É NATURALMENTE DISTRIBUÍDO ENTRE AS DIFERENTES CAMADAS DO POVO!!!"

Smith deveria ter sido mais duro com os fisiocratas. Deveria ter prestado mais atenção a seu amigo David Hume, que queria "esbravejar contra eles, os esmagar, bater neles e reduzi-los a pó e cinzas".[16]

10

Adam Smith, o tio chato fundador da América

Adam Smith não viveu para ver a Revolução Francesa. Testemunhou, porém, outra revolução de tipo bem diverso: "Quando, no decorrer dos acontecimentos humanos, torna-se necessário para um povo desfazer os laços políticos que o ligaram a outro." Na verdade, isso não era absolutamente uma revolução, mas mera explosão provinciana entre ingleses liberais; iria, entretanto, modificar a vida humana mais e com maiores esperanças que todas as radicais e fanáticas revoluções que ainda estavam por vir.

Smith estava interessado nas colônias norte-americanas e nos "atuais distúrbios" que lá aconteciam. Na *Riqueza das nações*, o índice contém mais de uma centena de entradas para "América" (Estados Unidos e Canadá). Smith dedica longo capítulo no Livro 4 à filosofia política das colônias em geral e às causas da rebelião em 13 delas. No Livro 5, em que foram analisadas as formas e os modos de governo, ele retoma o assunto. As últimas páginas da *Riqueza das nações* são reservadas a uma análise sobre o império colonial britânico.

Algo se deve dizer sobre o fato de Smith empregar a palavra *império*. Tristemente para a história desse significado na linguagem, devemos a Lênin a atual definição de *imperialismo*. Frustrado pelo contínuo fracasso do capitalismo em empobrecer o proletariado e em seguida desmoronar, Lênin decidiu que o capitalismo fora "transformado em imperialismo"[1] a fim de "saquear o mundo inteiro",[2] e não apenas a classe trabalhadora.

O termo que Adam Smith empregou para isso foi mercantilismo. Ele conhecia os clássicos, o que também acontecia com seus leitores. Em latim, *imperator* significa simplesmente o ocupante de um importante posto de comando militar. Na República romana, este era um título honorífico, conferido pelas tropas, por aclamação, a um general vitorioso. O Império Romano foi originalmente concebido para ter um *imperator,* e não um *rex*. Júlio César aceitou sua indicação política como imperador, mas rejeitou o ofício hereditário de rei. Não existiam "maus impérios" nos tempos de Smith, apenas dois decadentes e ineficazes, o dos chineses e o Sacro Império Romano-Germânico. Smith tinha liberdade de usar o termo *império* num sentido neutro, ou até otimista, como fez seu amigo David Hume no ensaio "O cético: o império da filosofia estende-se sobre poucos".[3]

Muito embora Smith não fosse filosoficamente otimista quanto ao Império Britânico, sobretudo quanto à questão colonial norte-americana. As classes dirigentes, advertiu, devem compreender a própria natureza de um império na América do Norte, ou sofrer as conseqüências "no caso de uma total separação da Grã-Bretanha, o que ... parece muito provável".[4]

Smith era considerado especialista em "América" a ponto de, em 1778, o governo britânico ter pedido sua orientação. O general John Burgoyne rendera-se em Saratoga no outono anterior, e a guerra norte-americana perdia força, ou, como diria um americano, ia muito bem. Smith redigiu detalhado memorando para Alexander Wedderburn, membro do gabinete de lorde Frederick North e seu amigo há 30 anos.

Os historiadores só encontraram esse documento na década de 1930. Na época em que vieram à luz, os comentários de Smith pareceram mais pertinentes à tão frágil Grã-Bretanha do século XX que à tão dominadora Grã-Bretanha do século XVIII: "Um governo que, em tempos da mais profunda paz, da mais elevada prosperidade pública, quando as pessoas não têm pretexto para uma queixa sequer, nem sempre foi capaz de se fazer respeitar: teria tudo a temer da raiva e indignação do povo diante da desgraça e da calamidade públicas, ... de estar assim desmembrando o império."[5]

"Raiva e indignação" nas classes dirigentes é provavelmente uma versão tão boa quanto qualquer outra para explicar como a Grã-Bretanha, o laboratório original do óbvio e simples sistema de liberdade natural, caiu no apuro socialista de onde ainda é preciso que a retirem. Outro experimento de laboratório, ainda maior, estava para ser desenvolvido no outro lado do oceano.

Smith profetizou para Wedderburn* que os norte-americanos iriam rejeitar o tipo de conciliação com o país pátrio proposto por Edmund Burke em 1775. E também previu que,

---

* Filho de escravos jamaicanos, tornou-se ativista defensor das causas da liberdade. (N.T.)

se a Grã-Bretanha desse prosseguimento à guerra americana, sairia perdendo mesmo que vencesse: "Naturalmente, se estabeleceria lá um governo militar, e os ... americanos, ... pelos séculos vindouros estariam sempre prontos a tomar das armas a fim de derrubá-lo."[6] E mais, previu o resultado da guerra: "A submissão ou a conquista de uma parte, mas apenas de uma parte da América, parece ... de longe ser o mais provável."[7] Ou seja, a Grã-Bretanha tinha de ficar com o Canadá. O resultado é, aliás, seu desdobramento: "Mesmo assim, a semelhança de língua e de costumes, na maioria dos casos, dispõe os americanos a preferir nossa aliança à de qualquer outra nação."[8]

Nenhuma dessas previsões, a não ser a última, agradava a Smith. Mas ele tinha uma visão fria e distanciada do conflito — poderíamos mesmo dizer, a de um Expectador Imparcial.

Na *Riqueza das nações* ele expressou objeções morais e utilitárias ao que nossos modernos pensadores, mais ostensivamente morais (apesar de menos úteis), chamam de colonialismo:

> Loucura e injustiça parecem ter sido os princípios que presidiram e dirigiram o primeiro projeto de estabelecimento dessas colônias; a loucura de sair à caça de minas de ouro e prata, e a injustiça de cobiçar a posse de um país cujos nativos inofensivos, longe de jamais terem ferido o povo da Europa, receberam os primeiros aventureiros com todas as marcas da gentileza e da hospitalidade.[9]

Smith não se mostrou moderno ao aplicar o pejorativo "inofensivos" aos nativos norte-americanos. E o foi ainda menos na opinião de que "a atual grandeza das colônias da

América"[10] foi uma melhoria nas condições pré-colombianas, a despeito "da selvagem injustiça dos europeus ... desastrosos e destrutivos com vários desses desafortunados países".[11] Também não foi moderno ao atribuir as realizações coloniais à civilização ocidental, e não, digamos, a Pocahontas: "As colônias devem à ... Europa a educação e as grandes visões de seus ativos e arrojados fundadores".[12] Creditou, porém, à civilização ocidental aspectos negativos e positivos: "Não foram a sabedoria e a política, e sim a desordem e a injustiça dos governos europeus que povoaram e cultivaram a América."[13] A falta de oportunidades em casa, e não a abundância de oportunidades além-mar, fez com que as colônias crescessem.

Smith criticou o governo britânico com seus "expedientes maus e nocivos do sistema mercantilista",[14] cujas restrições comerciais na verdade constituíam "impertinentes emblemas da escravidão"[15] impostos aos americanos "sem nenhuma razão suficiente, por inveja infundada dos mercadores e fabricantes do país pátrio".[16]

Smith ficou tão furioso com as restrições comerciais impostas às colônias americanas, que, de forma aliás pouco característica sua, se entregou a extensa lamentação, invectivando contra a "nação de lojistas".

A acusação de que a Grã-Bretanha não passava disso muitas vezes é atribuída ao pequeno corso que em breve iria dar aos britânicos muito mais trabalho que os norte-americanos. Foi, entretanto, uma frase banal usada para descrever qualquer nação comercial. Supõe-se que Luís XVI a tenha proferido contra os holandeses. Note-se que Smith não considerava os líderes de seu país minimamente próximos do nível de lojistas:

> Fundar um grande império com a única finalidade de criar um povo de clientes pode, à primeira vista, parecer projeto só apropriado para uma nação de negociantes lojistas. Trata-se, entretanto, de projeto totalmente inadequado para uma nação de lojistas, embora extremamente adequado para uma nação cujo governo é influenciado por lojistas. Esses estadistas, e só eles, são capazes de imaginar que encontrarão alguma vantagem em empregar o sangue e o tesouro de seus compatriotas para fundar e manter tal império. Se disser a um lojista "compra-me uma boa propriedade, e sempre comprarei minhas roupas em sua loja, mesmo se tiver de pagar algo mais que o preço pelo qual posso comprá-las em outra", verá que ele não está muito inclinado a aceitar a proposta. Mas se alguma outra pessoa comprasse tal propriedade, o comerciante ficaria muito agradecido a seu benfeitor se ele lhe recomendasse comprar todas as suas roupas na loja dele. [E ele continua assim por mais duas páginas, até que a diatribe se encerra de forma exasperada]: Eis por que, no atual sistema de administração, a Grã-Bretanha só tem a perder com o domínio que exerce sobre as suas colônias.[17]

Entretanto, a inspiração para essa filípica foi tudo de inspirador que Smith achou na Revolução Americana. Nós, norte-americanos, costumamos nos comover com o pensamento político dos nossos patriarcas nacionais. Adam Smith, não.

Smith era idealista, mas não tinha a fé romântica nas idéias puras, a fé que começava a se impor na França e também nos Estados Unidos. Ele não tinha as idéias em conceito tão elevado a ponto de supor, toda vez que via algo bom, que uma boa idéia o provocara. Deus age de maneiras misteriosas; sobretudo em Massachusetts.

Smith criticava os colonos. Considerava-os não valorosos patriotas, mas unhas-de-fome com suas libras esterlinas: "Os colonos ingleses jamais contribuíram com coisa alguma para defender o país pátrio, ou para apoiar seu governo civil. Pelo contrário, até agora eles é que têm sido defendidos quase totalmente à custa do país pátrio."[18]

No memorando de Smith a Wedderburn, todo o brilhantismo de Thomas Jefferson, James Madison, Alexander Hamilton, Thomas Paine et al., foi descartado numa única sentença: "Na atual elevação de ânimos, as mentes ulceradas dos americanos não devem aceitar nenhuma união, mesmo nos termos mais vantajosos para eles próprios."[19] Smith detectou o tão comum egoísmo — "que não é o lado mais fraco da natureza humana" — por trás do idealismo revolucionário norte-americano. Na *Riqueza das nações* ele desmascarou os Pais Fundadores:

> As pessoas que atualmente determinam as resoluções do que denominam seu Congresso continental sentem em si mesmas, neste momento, um grau de importância e prestígio que talvez os maiores súditos europeus dificilmente sentem. De lojistas, comerciantes e agentes transformaram-se em estadistas e legisladores, empenhados em idear uma nova forma de governo.[20]

Smith não considerava essa nova forma de governo uma oportunidade para a humanidade realizar novos e espetaculares ideais sociais. Ele via a "América" como um problema de ordem prática. Nós, norte-americanos, o povo mais prático de todos, deveríamos prestar mais atenção à visão de Smith sobre a Revolução Americana. Poderíamos livrar-nos de alguns de nossos atavios idealísticos, olhar no espelho político e ver-nos como somos: uma solução prática.

Mesmo nos impetuosos dias que levaram à Declaração de Independência, havia um aspecto prosaico e comercial na Revolução Americana. A Revolução Francesa não começou com uma briga por questões alfandegárias. Os *sans-culottes* não eram empresários da classe média, como Paul Revere e Sam Adams, e, correndo sem calças por aí, não chegariam a sê-lo. Os jacobinos não punham chapéus de plumas para realizar um protesto comercial. Se tivesse havido uma Festa do Chá em Paris, os revolucionários não iriam escalpelar todo o mundo e em seguida uns aos outros. Não existe nenhuma cerveja com o nome de Doutor Guillotin.

Para o problema prático da "América", Adam Smith tinha uma solução prática: saiam daí.

> A Grã-Bretanha deveria voluntariamente abrir mão de qualquer autoridade sobre as colônias e deixá-las eleger seus próprios magistrados, elaborar suas leis e fazer a paz ou a guerra do jeito que achassem mais adequado. ... Isso as poderia predispor ... a nos favorecer na guerra, como também no comércio, e, em vez de súditos turbulentos e facciosos, elas se tornariam nossas aliadas mais fiéis, amadas e generosas.[21]

(O que — embora o conselho de Smith não tenha sido seguido — a América se revelou ser, exceto em 1812 e durante a Guerra Civil, e quando ficamos neutros em relação à Alemanha em 1910 e 1930, e na crise de Suez, e em qualquer situação em que a Irlanda estivesse envolvida.)

Smith não pensou que sua solução prática fosse de fato prática. Ele a chamou de "uma medida que jamais foi nem será adotada por nenhuma nação do mundo".[22] Suas intuições sobre o motivo pelo qual o "Paz Agora" sempre cai em ouvidos moucos ainda hoje se aplicam. A atual realidade política no Tibete, na Chechênia, na Margem Ocidental e, infelizmente, talvez em Bagdá foi descrita com precisão por Adam Smith:

> Nação alguma jamais abandonou voluntariamente o domínio de alguma província, por mais incômodo que fosse governá-la. ... Tais sacrifícios, embora muitas vezes pudessem atender ao interesse de uma nação, constituem sempre um golpe mortal para o orgulho de qualquer nação e, o que talvez seja ainda mais importante, são sempre contrários aos interesses privados da parcela que efetivamente governa a nação, que com isso não mais poderia dispor de muitos postos de confiança e de lucro, de muitas oportunidades de adquirir riqueza e prestígio, vantagens que a posse de uma província, por mais turbulento e por menos rentável que seja o conjunto da população, raramente deixa de proporcionar.[23]

Smith ainda tinha outra solução, menos prática, para o problema norte-americano: a fusão com a Grã-Bretanha. Benjamin Franklin propusera essa idéia na década de 1750, mas na época os temperamentos estavam mais tranqüilos. É como se Smith sentisse que era então praticamente a única pessoa a defendê-la. Confidenciou a Wedderburn que a aglomeração política "dificilmente tem algum defensor ... se excetuarmos, aqui e ali, algum filósofo solitário, como eu mesmo".[24]

No entanto, na *Riqueza das nações* ele afirmou que fazer da "América" uma parte da Grã-Bretanha "pode, na pior das hipóteses, ser encarado como uma nova Utopia, certamente menos divertida, mas não menos útil e quimérica que a antiga".[25]

Citava então a mesma visionária obra de ficção que antes ironizara. Existe algo nos Estados Unidos, por mais prosaicos que possam ser o lugar e o povo, que faz com que a população goste de sonhar. Smith acrescentou para Wedderburn: "O plano ... certamente tenderia mais para a prosperidade, para o esplendor e para a duração do império."[26] Ele afirmou as vantagens de uma união anglo-americana no Livro 4 da *Riqueza* e as reafirmou no Livro 5, fazendo assim cerca de 12 referências ao assunto. Acreditava que seu conceito pudesse ser ampliado "a todas as diferentes províncias do império habitadas por pessoas de extração britânica ou européia".[27] (Para não ser considerado racista, incluía até os irlandeses.) E previu mesmo, sem pestanejar, a relação Bush-Blair: "No decorrer, talvez, de pouco mais de um século, a produção dos americanos poderia exceder a da taxação britânica. A sede do império iria então naturalmente retirar-se para aquela parte que mais tivesse contribuído para a defesa geral e o apoio do todo."[28]

Se o sonho de Smith se houvesse realizado mais cedo, em 1776, e não durante a Guerra do Iraque, estaríamos vivendo num mundo diferente. Poderia não ter havido a Guerra Civil Americana, as duas guerras mundiais, a Guerra Fria ou os xeretas da Comissão Européia metendo o bedelho em tudo. Por outro lado, poderiam ter ocorrido dez mil Belfasts, onde "um governo militar estivesse naturalmente estabelecido" e onde um bilhão de pessoas estivessem "a qualquer momento prontas para tomar das armas a fim de derrubá-lo".

Do jeito que é, vivemos, de qualquer modo, num mundo diferente. E é interessante que Smith não tenha tido o sonho norte-americano que de fato se tornou realidade. Os Estados Unidos provariam a própria tese de Adam Smith: a riqueza depende da divisão de trabalho; a divisão do trabalho depende do comércio; o comércio depende da liberdade natural; portanto Liberdade = Riqueza.

No máximo, os Estados Unidos proporcionaram um constrangimento nas provas. O que farão os arqueólogos de um futuro distante com as ruínas do império americano? Vão desenterrar carros esporte utilitários obviamente grandes demais para se deslocar, supostamente usados para propósitos cerimoniais. Os onipresentes restos de piscinas, os incontáveis tipos e marcas de tênis, as ruínas de lojas de fast-food em número muito superior ao de qualquer estimativa feita pela população do século XXI convencerão os estudiosos do século XXXI de que éramos criaturas semi-aquáticas, com seis pernas, e que adorávamos passar graxa nos automóveis.

Adam Smith, porém, era excessivamente prático para sonhar algo assim tão tolo. E já que nós, norte-americanos, também somos extremamente práticos, deveríamos prestar atenção não só ao que Smith tinha a dizer sobre nossa revolução, mas ao que ele tinha a falar sobre aquilo que nossa revolução finalmente acabaria por nos proporcionar: um império assim como o da Grã-Bretanha.

A surra que Smith aplicou nos imperialistas britânicos poderia ter sido dada em qualquer um que tentasse lucrar com um império. Não importa se o ganho esperado fosse grosseiro (a prosperidade comercial) ou nobre (a democracia). Um império bem-sucedido não é um arranjo de províncias intimidadas, estados dependentes inoportunos e bases militares mantidas por suborno ou força. "Talvez eles possam", sugeriu Smith, "ser considerados apêndices, uma espécie de equipagem esplêndida e ostentosa do império."[29]

Adam Smith julgava serem os erros da política imperial britânica tão graves e perigosos para os indivíduos que fez uma ardente condenação dessa política no trecho final da *Riqueza das nações*:

> Durante mais de um século, os governantes da Grã-Bretanha alegraram o povo fazendo-o imaginar-se dono de um grande império no lado ocidental do Atlântico. Acontece que esse império até hoje só existiu na imaginação. Até o presente, não foi um império, mas o projeto de um império; não uma mina de ouro, mas um projeto de mina de ouro; aliás, um projeto que custou, continua a custar e, se as coisas continuarem da mesma forma como até agora, provavelmente custará uma despesa imensa, sem perspectivas de proporcionar lucro algum, pois, como já mostrei, os efeitos do monopólio do comércio colonial representam para a população em geral pura perda, e não de lucro. Certamente já é tempo de nossos governantes transformarem em realidade esse sonho dourado, ao qual talvez se tenha entregue até agora, juntamente com o povo; ou que acordem eles próprios de tal sonho e procurem também despertar a população. Se o projeto não puder ser completado, deve ser abandonado. Se não se conseguir que as províncias do Império contribuam para o sustento do Império em sua totalidade, chegou certamente a hora de a Grã-Bretanha libertar-se da despesa de defender essas províncias em tempo de guerra; e de sustentar qualquer parcela de seu governo civil ou instituições militares em tempo de paz; e de procurar ajustar suas perspectivas e seus planos futuros à mediocridade real de sua situação.[30]

11

A riqueza das nações, Livro 5

"A receita do soberano ou do Estado." Adam Smith, um sabe-tudo em políticas

Adam Smith era humano, sobretudo no Livro 5 da *Riqueza das nações*. Ninguém resiste a dar conselhos. Sendo ele um "filósofo solitário", seus conselhos eram bons. Orientou seu elevado intelecto para questões políticas grandiosas, como a guerra norte-americana. No Livro 5, porém, dirigiu-o também para questões políticas mundanas. Não resistiu à tentação de escorregar Olimpo abaixo.

Ele precisava saber mais que simplesmente se imiscuir nos detalhes burocráticos das políticas públicas. Na *Teoria dos sentimentos morais*, ele fez uma advertência contra os pensadores "que reduzem suas doutrinas a ... um sistema técnico de definições artificiais, divisões e subdivisões".[1] Chamou isso de "talvez um dos mais eficazes expedientes para se extinguir todo grau de bom senso que possa haver em qualquer doutrina moral ou metafísica".[2]

Ele se arriscou a se tornar tão "sábio em seu próprio conceito" quanto James Carville, Karl Rove ou Anthony Giddens:* já no Livro 4, sobre a questão das colônias espanholas *versus* as britânicas, ele abraçava a importante falácia do conselheiro político, a mesma que havia detectado nos fisiocratas: "Aquele que forma o caráter de toda nação, a natureza de seu governo."[3] Pela metade do Livro 5, ainda continua falando como um íntimo de Washington, cansado do mundo, depois de um dia cheio das graves e recorrentes crises políticas, tão amadas pelos exaustos amigos íntimos de Washington:

> Pois embora administração e persuasão sejam sempre os mais fáceis e seguros instrumentos do governo, assim como força e violência são os piores e mais perigosos, mesmo assim, parece, é tamanha a insolência natural do homem, que quase sempre ele desdenha empregar o bom instrumento, a não ser quando não pode, ou não ousa, empregar o pior.[4]

As questões políticas mundanas da época de Smith eram — é triste constatar — exatamente as mesmas de hoje: lei e ordem, favorecimentos políticos, fracassos no sistema educacional, religião na política, sistema complexo de impostos, débito nacional efervescente e gastos exagerados com defesa. Dois séculos e um quarto de intratabilidade nessas questões políticas parecem indicar uma certa... intratabilidade.

Se nos harmonizássemos com essa intratabilidade, toda atual superpopulação de conselheiros, comentaristas e espe-

---

* Respectivamente, consultor político norte-americano, estrategista da bem-sucedida campanha presidencial de Bill Clinton; consultor político, vice-chefe da Casa Civil da Presidência da República dos Estados Unidos na administração Bush até 2007, quando pediu exoneração; respeitado sociólogo inglês, assessor do ex-primeiro-ministro britânico Tony Blair.

cialistas políticos poderia ser eliminada. Sobraria mais espaço no *New York Times* para outros anúncios de lingerie. E as tendenciosas futilidades das manhãs de domingo na TV poderiam ser substituídas por reprises de *Curb Your Enthusiasm*.* Se quiséssemos ter uma opinião sobre alguma questão premente, poderíamos ler o Livro 5 da *Riqueza* e depois despejar nos outros todos aqueles desordenados pronunciamentos de Adam Smith.

"Dos gastos com a justiça"

A despeito do título desta seção, Smith não tinha muito o que dizer sobre os gastos com a justiça, a não ser que costumam ser muito caros. "Entretanto, jamais a justiça foi realmente ministrada de graça, em país algum",[5] observou, acrescentando um reflexo de maior dignidade ao comentário do ator e suspeito de assassinato Robert Blake,** que declarou ser "inocente, até provar que estava arruinado".

Smith lamentava que a origem do sistema judiciário tivesse mais a ver com a renda que com a imparcialidade do soberano: "As pessoas que recorriam [ao rei] em busca de justiça estavam sempre dispostas a pagar por isso ... Esse método de colocar a administração da justiça a serviço do recolhimento de renda dificilmente poderia deixar de acarretar vários abusos graves."[6] Fico pensando nas multas por excesso de velocidade

* Literalmente *Modere seu entusiasmo*, título de famosa e premiada série cômica da televisão norte-americana.

** Ator da série de televisão *Baretta*, acusado de matar a mulher em 4 de maio de 2001. (N.T.)

em certa cidadezinha de New Hampshire, cujo nome não vou dizer porque moro lá.

Vou ter de dirigir mais devagar, porque Smith, tal como os analistas políticos atuais, aparece melhor na imagem ampliada. Articulava-se à enorme questão de conhecer a natureza abstrata da justiça, e não muito ao problema menor de como obter alguma justiça.

Adam Smith estava tão articulado com a natureza abstrata da justiça que, sozinho, num programa da Fox News, poderia ser ao mesmo tempo o anfitrião e todos os convidados.

"O governo civil ... na realidade é instituído para a defesa dos ricos contra os pobres",[7] ele ponderou, lembrando aquele inevitável convidado fanático de esquerda.

Depois lembrou o anfitrião fanático de direita: "Entre os pobres, o ódio ao trabalho e o amor pelas facilidades e diversões imediatas são as paixões que predispõem à invasão da propriedade."[8]

Depois, novamente o fanático de esquerda: "Onde quer que exista grande propriedade, há grande desigualdade."[9]

E depois aquele outro convidado direitista, ainda mais fanático que o próprio anfitrião, e que já andou tomando muitos cafezinhos: "É só sob a proteção do magistrado civil que o dono daquela valiosa propriedade ... pode dormir uma única noite em segurança. A todo tempo ele está cercado por inimigos desconhecidos que, embora nunca os tenha provocado, jamais pode apaziguar."[10]

No final, tudo acaba em estratégias de campanha. Esses magistrados civis, esses políticos — afirmando a lei e fazendo manifestações pela justiça —, quem são eles? Na escolha dos líderes políticos, Smith excluiu as "qualificações da mente", que achava serem "sempre discutíveis e muito discutidas".[11] (Como se qualificações da mente tivessem alguma importância em política.) Os negociantes de sucesso também não são os melhores candidatos porque, como pensava Smith, "a autoridade da fortuna ... tem sido queixa constante em todos os períodos da sociedade".[12] (Além do mais, são tantos os ricos que recentemente foram para a cadeia — o que não quer dizer que isso os distinga dos políticos.) Smith considerava que a idade cronológica tinha algo a recomendá-la, constituindo "simples e palpável qualidade que não admite discussão".[13] Em política, é possível se manter cheio de potencialidades e com rosto jovem aos 53 anos... — idade que Smith tinha quando publicou *A riqueza das nações*. Contudo, o que ele privilegiava nos líderes políticos era a "superioridade de nascimento, ... a antigüidade, quer da riqueza quer daquela grandeza que comumente se baseia na riqueza ou que a acompanha".[14] Ele acreditava que "nascimento e fortuna... proporcionam naturalmente algum tipo de ... autoridade".[15]

Que opinião mais inacreditavelmente arcaica... Afinal, talvez Smith não tivesse de fato a imagem mais adequada à moderna mídia. A menos que se considere aquele par de vagabundos riquíssimos de sangue azul candidatos à presidência dos Estados Unidos em 2004.

Sem dúvida, Smith teria posto acima das vulgaridades políticas. Talvez ele tivesse apoiado tanto Bush quanto Kerry. Mas não esperaria muita justiça abstrata daquilo que qualquer um dos dois pretendia fazer com o Supremo Tribunal: "Quando o poder judiciário se une ao poder executivo", opinou ele, "é quase impossível que a justiça não seja com freqüência sacrificada em nome do que vulgarmente se conhece como política."[16]

De fato, Smith tinha uma sugestão concreta para melhorar o sistema judiciário: tribunais legais competindo entre si, onde "cada corte tentasse, com excelente agilidade e total imparcialidade, atrair para si o maior número possível de causas".[17] Essa é mesmo uma grande idéia, mas... para um programa de TV. Faria maravilhas no *Judge Judy** e talvez também na Corte de Apelações dos Estados Unidos.

"Das obras e instituições públicas destinadas a facilitar o comércio da sociedade"

Nada mudou na política dos favorecimentos políticos desde o século XVIII. Isso fica evidente numa declaração que Adam Smith se viu compelido a fazer: "Não se pode construir uma grande ponte sobre um rio em um lugar por onde ninguém passa ou só para embelezar o panorama das janelas de algum palácio das redondezas."[18] Ele empregou a expressão *não se pode* no sentido estritamente político, seu significado nada tem a ver com uma negação simples. As palavras seguintes da frase de Smith são "coisas que às vezes acontecem".

Ele fez uma incontestável declaração sobre financiamento das obras públicas: "A maior parte ... pode facilmente ser administrada de modo a permitir uma determinada renda, suficiente para custear as próprias despesas."[19] E acrescentou outra declaração incontestável sobre não haver a mínima es-

---

* Reality-show de TV, iniciado em 1996, em que a ex-juíza de vara de família Judith Sheindlin aprecia pequenas causas (N.T.).

perança de aqueles recursos irem para onde presumivelmente deveriam: "No progresso do despotismo, a autoridade do poder executivo gradualmente absorve a de qualquer outro poder do Estado, e assume para si a administração de qualquer setor da renda."[20]

Smith compreendeu o potencial da privatização: "Os serviços públicos nunca são mais bem realizados do que quando sua recompensa vem apenas pelo fato de terem sido realizados, e é proporcional à diligência empregada em sua realização."[21] Sua experiência com as corporações contratadas para realizar serviços do governo britânico — tais como a Companhia das Índias Orientais, a Halliburton daqueles tempos — deixou-o cético demais para sugerir privatizações: "Essas companhias ... a longo prazo provaram ser, universalmente, muito onerosas ou inúteis."[22]

Tudo o que Smith pôde fazer quanto a projetos de favorecimento político foi verbalizar todo tipo de senso comum ineficaz, que jamais exerce alguma influência sobre a política: "É possível realizá-los apenas onde o comércio os requer, e ... sua grandiosidade e magnificência deve ser adequada ao que o comércio pode pagar."[23] Ele teria sido impotente para impedir o recente projeto de transporte nas rodovias norte-americanas, com a ponte de 200 milhões de dólares em Ketchikan, Alasca (com população de 7.410 habitantes). Mas, pelo menos, não teria proposto um Domo do Milênio, em Londres, ou imensas áreas de moradia para os descontentes dos subúrbios de Paris, ou a reconstrução de favelas abaixo do nível do mar para que os meninos de colégio tivessem um lugar para se embebedar durante a Terça-Feira Gorda.

"Dos gastos das instituições para a educação da juventude"

Qualquer discussão sobre política educacional sempre se transforma rapidamente numa sessão inflamada. Todo mundo já teve de engolir 16 ou 20 anos de escola, está cheio até não poder mais e prestes a vomitar. Smith não era exceção, chamando as universidades de "santuários em que encontravam guarida e proteção sistemas desacreditados e preconceitos obsoletos, banidos de todos os outros recantos do mundo".[24]

Ele propôs teorias educacionais. Era a favor de mais ciência: "A própria matéria do experimento e da observação, assunto no qual uma cuidadosa atenção é capaz de levar a tantas descobertas úteis."[25] E era contra as matérias "nas quais, depois de algumas verdades muito simples e quase óbvias, a mais cuidadosa atenção nada consegue descobrir a não ser escuridão e incerteza".[26] Referia-se à metafísica. Porém, se trocarmos por crítica literária pós-estruturalista da minoria feminista gay, entenderemos perfeitamente o que estava querendo dizer. Ele cita com aprovação o antigo currículo grego de "física, ou filosofia natural; ética, ou filosofia moral e lógica", sustentando que "essa divisão geral parece condizer perfeitamente com a natureza das coisas".[27] Embora eu não esteja certo de como o shopping de automóveis, a educação física e a hora do lanche poderiam se ajustar a isso. E ele denunciou a ontologia, chamando-a de "emaranhada ciência",[28] o que foi um verdadeiro alívio para mim, porque tirei D no teste de Introdução à Filosofia.

Porém as opiniões razoáveis só conseguem ir até as questões de educação. Smith em breve estaria em território controvertido. Ele se opunha à educação inteiramente gratuita, por temer que os alunos conseguissem aquilo pelo qual haviam pago. E protestou contra o controle governamental das escolas: "Uma jurisdição irrelevante deste gênero ... é passível de ser exercida de maneira ignorante e arbitrária."[29] Smith, que era professor, sabia o que a pressão política pode fazer com os professores:

> Aquele que está sujeito a tal jurisdição é necessariamente por ela humilhado e, em vez de ser uma das pessoas mais respeitáveis da sociedade, se transforma em uma das mais baixas e desprezíveis. Só com poderosa proteção pode o professor defender-se eficazmente contra os abusos aos quais está constantemente exposto; e a maneira mais provável de obter tal proteção não é mostrar capacidade ou diligência profissional, mas obsequiosidade com relação à vontade de seus superiores.[30]

E, além disso, ficar conhecido por se tornar membro do sindicato de professores e votar pelos liberais democratas.

Smith sempre atacou igualmente a educação obrigatória. "Não existem instituições públicas para a educação das mulheres", observou, "não havendo, entretanto, nada de inútil, absurdo ou fantástico no curso normal de sua educação."[31] Seria impossível surpreender mulheres do lar, no século XVIII, prorrompendo em lágrimas de ódio durante discussões em grupo sobre o livro *São os homens necessários?* — elas não sabiam ler.

Smith defendia as escolas particulares. Declarava que "essas áreas da educação ... para o ensino nas quais não existem instituições públicas, geralmente são as melhores".[32] Como exemplos, sugeriu "uma escola de esgrima ou de dança".[33] Tenho três filhos, e eles passam o tempo todo valsando e se espetando.

Em acalorada disputa com Smith sobre todos esses pontos, estava o próprio Smith. Ele defendia uma exigência educacional "a ser cumprida por qualquer pessoa antes de lhe permitirem exercer qualquer profissão liberal".[34] Insistia em uma verba de contribuição para as escolas: "Alguma atenção do governo é necessária, a fim de impedir uma quase total corrupção e degeneração da grande massa do povo."[35] E queria padrões nacionais de currículo: "A ciência é o maior antídoto ao veneno do entusiasmo e da superstição."[36]

Nenhum dos programas educacionais de Smith funcionou, ou seja, todos os argumentos que ele apresentou contra a educação pública eram verdadeiros. E todos os argumentos que arrolou a favor da educação pública não impediram a quase total corrupção e degeneração da grande massa do povo, pelo menos quando está assistindo a *American Idol*.* Tampouco a ciência tem sido um grande antídoto para o entusiasmo, tal como o do Irã para construir uma bomba atômica, ou para a superstição. O número premiado da loto, na semana passada, era o segredo do cadeado de meu escaninho no ginásio.

Fica-se tão confuso lendo o que Adam Smith escreveu sobre educação quanto ele próprio deve ter ficado quando escreveu. Parte dessa confusão deve-se ao fato de ele ser professor

* Competição de calouros pela TV, cuja primeira temporada foi em 2002. (N.T.)

e conhecer toda a verdade sobre a escola. "Nenhum método é melhor, ao que parece, para empregar com alguma vantagem o longo intervalo entre a infância e esse período da vida no qual os homens começam a dedicar-se com seriedade às atividades reais do mundo",[37] declarou. O segredo da educação é que não sabemos mais o que fazer com as crianças.

"Dos gastos com as instituições destinadas à educação das pessoas de todas as idades"

Adam Smith pode ter sido o primeiro a se dar conta de que a política necessita de um eufemismo para "Igreja". Existe algo muito contemporâneo em "instituições para a instrução das pessoas de todas as idades", com igual peso para aulas de cerâmica, ioga, missa e *shul*.* Smith colocava-se sem reservas a favor da separação entre todas essas coisas e o Estado. "Os artigos de fé, bem como todos os outros assuntos de ordem espiritual, não estão no âmbito da competência de um soberano secular, o qual, embora possa estar qualificado à perfeição para proteger a população, raramente o está para instruí-la."[38]

Exceto — caso do futuro rei Charles da Inglaterra — em questões de agricultura orgânica.

E, assim como aconteceu com a educação, Smith sentiu necessidade de explorar novas opções políticas. Por um lado, a separação entre Igreja e Estado era algo definitivamente bom. Por outro lado, talvez o governo *devesse* patrocinar a religião. (Foi esse tipo de coisa que fez Harry Truman pedir que lhe

* "Escola", em yídish. (N.T.)

apresentassem um economista de um braço só.)* Smith citou David Hume sobre a maneira como "a diligência interessada do clero é aquilo que todo sábio legislador procurará evitar".[39] Se um pregador tem de se sustentar, ele vai precisar, diz Hume, "excitar a lânguida devoção de sua platéia. Nenhum respeito se terá pela verdade, a moral ou a decência nas doutrinas inculcadas. Será sempre adotado aquele princípio que melhor se ajustar às desordenadas afecções da estrutura humana".[40] Por isso, de acordo com Hume, com relação a esses "guias espirituais" e a fim de evitar uma Al-Qaeda, o governo deveria "subornar sua indolência, destinando salários fixos para sua profissão".[41]

Isso, porém, significaria consentir toda sorte de maluquices, como os metodistas arengando hinos, batistas congregacionais imergindo as pessoas, e quem sabe mais o quê. Por isso, num terceiro *lado*, talvez a Igreja da Inglaterra devesse ser preservada. "Esse sistema de governo da Igreja", justificou Smith, "foi sempre favorável à paz e à boa ordem."[42]

De qualquer forma, nada havia provavelmente a fazer quanto à separação entre Igreja e Estado. Smith declarou que um governo sem religião oficial era algo que "a lei positiva talvez nunca tenha estabelecido e provavelmente jamais estabelecerá em qualquer país".[43] Então, no parágrafo seguinte, explicou exatamente como a lei positiva poderia fazê-lo, "contanto que essas seitas fossem suficientemente numerosas, e que cada uma delas, em conseqüência, fosse pequena demais para perturbar a tranqüilidade pública, ... e se o governo esti-

---

* Em inglês, a expressão "por um lado ... por outro" é *on the hand* (mão) ... *on the other*. Por isso Truman queria um economista de um braço só, frustrado com aqueles que faziam recomendações diretas, mas logo em seguida vinham com o eterno *on the other hand*. (N.T.)

vesse perfeitamente decidido a deixá-las em paz e a obrigá-las a se deixarem mutuamente em paz".[44]

> Os mestres de cada pequena seita, vendo-se quase sozinhos, seriam obrigados a respeitar os de quase todas as outras seitas, e as concessões que considerariam convenientes e agradáveis fazer entre si poderiam, provavelmente, com o tempo, reduzir a doutrina da maior parte deles àquela religião autêntica e racional, isenta de toda mescla de absurdos, imposturas ou fanatismo, que as pessoas sensatas desejariam ver implantadas em todas as épocas.[45]

Isso soa como a piada sobre o resultado do cruzamento de uma testemunha de Jeová com um unitário universal: alguém que vai de casa em casa sem motivo algum.

E Smith tinha um jeito de louvar os cristãos fundamentalistas que deixaria desde Ralph Reed até Al Sharpton* absolutamente furiosos:

> Uma pessoa de baixa extração está longe de ser membro destacado de qualquer grande sociedade. ...
>
> Sua conduta nunca desperta tanto a atenção de uma sociedade respeitável quanto no momento em que se torna membro de uma pequena seita religiosa. A partir de então, ela adquire grau de consideração que jamais conhecera.[46]

E não se suponha que Smith experimentou alguma atração pelo catolicismo romano. "A mais formidável combinação jamais formada contra a autoridade e a segurança do governo

---

* Respectivamente, ativista político conservador, fundador da Coalizão Cristã; pastor batista, ativista político e dos direitos humanos e justiça social. (N.T.)

civil, como também contra a liberdade, a razão e a felicidade da humanidade."[47]

Não seria uma boa idéia mandar Adam Smith sair na boca-de-urna da campanha eleitoral batendo o tambor pelo voto religioso.

"Dos impostos"

Adam Smith fez várias reflexões sobre os impostos, em 80 e tantas páginas. Começou com quatro máximas muito realistas: a coleta de impostos não deve demandar gastos; devem ser cobrados quando os contribuintes estiverem mais aptos a pagar; devem ser proporcionais à renda que os contribuintes "desfrutam sob a proteção do Estado";[48] e devem ser "fixos, não arbitrários".[49]

A última máxima é a mais sensata e por isso a menos observada. A extraordinária complexidade da lei de impostos e sua fraude permanente, até por parte dos legisladores que supostamente os reduziriam, violam o princípio de Smith de que "um grau muito considerável de desigualdade ... não está tão perto de ser um grande mal quanto um grau muito pequeno de incerteza".[50] Esse é o princípio que se aplica a praticamente tudo, como bem sabem o sujeito apaixonado e o que aguarda a chegada de um cheque pelo correio.

Smith se opunha aos impostos sobre a herança, que são quase tão arbitrários — se não tão incertos — quanto a morte. E dificilmente se pode dizer que devem ser cobrados quando for mais conveniente para o contribuinte, que então já estará morto.

Ele não considerava panacéia um imposto sobre o consumo. "Todos os impostos sobre bens de consumo ... tendem a reduzir a quantidade do trabalho produtivo."[51] E não teria aprovado a introdução do VAD (Value Added Tax) nos Estados Unidos. Só o fato de estar sendo amplamente adotado já é um argumento contra ele. "Não há arte mais rapidamente aprendida pelos governos observando-se mutuamente que arrancar dinheiro dos bolsos do povo", registrou Smith.[52]

Ele era contra os impostos corporativos, porque "o proprietário de capital é de fato um cidadão do mundo",[53] e "um imposto que tendesse a mandar para fora o capital de determinado país iria até certo ponto secar toda fonte de renda, tanto do soberano quanto da sociedade".[54] Assim, Liechtenstein talvez se tornasse uma potência mundial. E dificilmente poderia evitar ter ambições territoriais.

Smith apresentou um sensato argumento a favor dos impostos sobre a propriedade — mas apenas para os republicanos, com suas exageradas e valiosas mansões em belos bairros: "Nada mais razoável que uma verba, cuja existência se deve ao bom governo do Estado, ser taxada de forma distinta."[55] E, uma vez que o governo foi instituído para a defesa dos ricos contra os pobres, ele advogava a taxação progressiva: "Não é absurdo fazer os ricos contribuírem para as despesas públicas, e não só proporcionalmente à sua renda, mas algo além disso."[56] Mas só se o governo proibir os grafites aos pobres e banir o rap.

Smith fez objeção a certos impostos por motivos de ordem libertária: "Seria impossível adaptar com precisão tolerável o imposto sobre uma loja à extensão do comércio que nela se realiza sem que tal investigação fosse totalmente insuportável num país livre."[57]

Temos muito orgulho de nossa moderna liberdade, mas essa frase indica que podemos ter desprezado certas liberdades enquanto nos abaixávamos para recolher as novas.

E Smith teve uma idéia sobre impostos realmente brilhante: uma carga extra sobre "as pessoas que detêm a administração do governo".[58] Ele supôs que elas estariam, "de modo geral, dispostas a recompensar-se e a seus dependentes imediatos muito mais que suficientemente".[59] St. Andrews* foi fundada em 1754, e assim as excursões de golfe com os lobistas já eram possíveis. "Os emolumentos dos funcionários, por isso, podem na maioria dos casos suportar perfeitamente a taxação", ponderou ele,[60] prevendo que esse seria "sempre um imposto muito popular".[61]

No entanto, refletir sobre impostos leva sempre a maus pensamentos. Imaginem o que vocês fariam a um auditor do IR ou mesmo das leis de Deus e dos homens. E quem recomenda os impostos é levado a se desnortear tanto quanto quem evita pagá-los. O método preferido de Smith para aumentar o recolhimento era a taxação do luxo, imposta não apenas sobre as frivolidades dos ricos, mas também sobre "as luxuosas [mas] desnecessárias despesas das camadas inferiores do povo".[62] Vamos analisar, com evidências fornecidas pelo próprio Smith, o que o século XVIII considerava "despesa necessária" de uma pessoa pobre:

> Cabe duvidar se a carne de açougue é, afinal, artigo de necessidade. Como se sabe por experiência, cereais e outros legumes,

* A Universidade de St. Andrews, a mais antiga da Escócia, é chamada de Home of Golf, tamanha é sua importância para o esporte e vice-versa. (N.T.)

> com leite, queijo, manteiga ou azeite — onde não há manteiga —, podem, sem carne de açougue, propiciar a alimentação mais abundante, sadia, nutritiva e revigorante.[63]

Vamos analisar também em que consistia, nas palavras de Smith, uma alimentação abundante, sadia, nutritiva e revigorante: "A situação dos pobres, em grande parte da Inglaterra, seguramente não será tão negativamente afetada por qualquer aumento de preço de frango, peixe, aves selvagens ou caça quanto será positivamente afetada pela queda do preço das batatas."[64]

E batatas não prejudicam nem um pouco os pobres:

> Os condutores de cadeirinhas, os carregadores e os transportadores de carvão de Londres, bem como essas infelizes mulheres que vivem da prostituição, talvez os homens mais fortes e as mais lindas mulheres dos domínios britânicos, são, em sua maior parte, supostamenre oriundos da mais baixa categoria da população da Irlanda, que em geral se alimenta de batatas.[65]

No século XVIII os pobres ainda não tinham sido elevados a seu atual status de valiosa fonte de manias, modas e drogas ilegais. As categorias inferiores eram abertamente consideradas inferiores, e não secreta e culpadamente inferiores. Até um homem decente como Adam Smith aceitava essa inferioridade sem lhes conceder nem um pensamento decente. Em seu papel de conselheiro político, ele compôs o trecho seguinte sem a menor consciência de estar caindo em contradição com as partes mais importantes de *A riqueza das nações*:

> Sobre os moderados e esforçados pobres, impostos sobre [artigos de luxo] agem como leis suntuárias, e os dispõem tanto a

> refrear quanto a eliminar totalmente o uso de supérfluos que não podem mais conseguir com facilidade. Sua habilidade em alimentar famílias, em conseqüência dessa frugalidade forçada, e não de ser diminuída, é freqüentemente, talvez, aumentada pelo imposto.[66]

Talvez. Mas o tema dos impostos pode levar alguém a ultrapassar o limite do mero equívoco. Smith estava começando a soar levemente demente quando proclamou: "Entretanto, todo imposto é, para quem o paga, um sinal não de escravidão, mas de liberdade. Isso denota que ele está submetido ao governo, na verdade, mas que, como possui uma propriedade, não pode ser, ele próprio, propriedade de um senhor."[67] E Smith devia estar completamente fora de si ao escrever sobre a renda recebida por um proprietário pelo aluguel de terras: "Embora parte de sua renda deva ser retirada dele, a fim de custear as despesas do Estado, nenhum desencorajamento será dado, por isso, a qualquer tipo de indústria."[68]

Os impostos enlouquecem as pessoas, admitiu Smith ao declarar, de forma pré-lunática: "Depois de esgotadas todas as atividades próprias da taxação, ... eles precisam ser impostos às atividades impróprias."[69]

> "Conselho, *subs.* A menor moeda corrente."
>
> (Ambrose Bierce, *The Devil's Dictionary*)

Nem todas as recomendações políticas de Adam Smith eram sem valor, auto-anulantes ou insanas. Ele descartou com uma frase a posse de negócios pelo governo: "O Estado não pode ser muito grande a ponto de o soberano ter tempo livre para manter no comércio um mercador de vinhos ou um boticário."[70]

Dissipou as névoas a respeito da dívida nacional, que não constitui um estímulo keynesiano para a economia, nem um entrave *à la* Milton Friedman* para ela, mas um ultraje moral. Permite ao governo entregar-se à promiscuidade. "Todo novo imposto é mais ou menos sentido pelo povo de imediato. Sempre provoca algum burburinho e certa oposição. ... A dívida não é imediatamente sentida pelo povo nem provoca burburinho ou queixas."[71]

E o roubo: "Quando as dívidas nacionais acumulam-se até determinado ponto, acredito que dificilmente alguma delas terá sido justa e completamente paga."[72]

E a falsificação. Porque a desvalorização da moeda que resulta de tais negligências deveria mais propriamente ser chamada de "uma injustiça fraudulenta".[73]

Isso leva inevitavelmente à inflação, que "... provoca subversão geral e extremamente perniciosa das fortunas individuais; enriquecendo, na maioria dos casos, o ocioso e perdulário devedor, à custa do esforçado e moderado credor".[74]

Assim, toda vez que você pagar sua contribuição ao seguro social, estará comprando um campo de golfe para Donald Trump.**

No capítulo "Dos gastos com a defesa", Smith recomendou que ficássemos satisfeitos com o fato de a defesa ser cara. "Na guerra moderna, a grande despesa com armas de fogo

---

* Economista judeu norte-americano, prêmio Nobel de 1976, cujas teorias se opõem às de Keynes.

** Megaempresário norte-americano, autor de diversos livros que fornecem dicas para enriquecer.

confere evidente vantagem à nação que melhor puder se proporcionar esse gasto."[75] Por isso o Muro de Berlim veio abaixo. Os mísseis defensivos Star Wars não funcionaram, mas só os Estados Unidos poderiam construir um para descobrir isso. A URSS não estava em posição econômica para ameaçar os Estados Unidos com falência mútua garantida.

Adam Smith teria sido um conselheiro de Segurança Nacional de primeira classe na administração Reagan. Nem o melhor conselho, contudo, pode ser dado duas vezes. "A invenção das armas de fogo", observou Smith, "uma invenção que à primeira vista parece tão perniciosa, é certamente favorável tanto para a manutenção quanto para o desenvolvimento da civilização."[76] O vale dos rios Tigre e Eufrates é o berço da civilização. Os iraquianos podem custear as armas.

Um conselheiro político, mais que os políticos que aconselha, deveria conhecer seu lugar — de preferência longe da economia. No final do Livro 4 da *Riqueza*, Smith observa: "O soberano está completamente desobrigado de um dever ... para cujo desempenho apropriado nenhuma sabedoria ou conhecimento humanos poderiam ser suficientes. O dever de zelar pelo empenho do povo."[77] E prossegue dizendo tudo o que sempre precisa ser dito sobre os deveres que o governo efetivamente tem:

> Em primeiro lugar, o dever de proteger a sociedade da violência e da invasão de outras sociedades independentes. Em segundo, o dever de proteger, o quanto possível, cada membro da sociedade da injustiça ou da opressão de cada um de seus demais membros. ... Em terceiro lugar, o dever de edi-

> ficar e conservar certas obras e instituições públicas, o que jamais poderá ser feito no interesse de qualquer indivíduo, ou pequeno número de indivíduos.[78]

Então, a respeito desse terceiro ponto, se as obras e as instituições públicas não podem ser do interesse do indivíduo algum, por que estamos nós, indivíduos, pagando para as edificar e conservar? Isso nos remete, novamente — e Adam Smith — à política.

12

O livro perdido de Adam Smith

Adam Smith não pôde escrever seu livro sobre política. Houve uma série de razões para que a terceira parte de sua trilogia do melhoramento, a obra sobre "jurisprudência", jamais fosse terminada: ele estava ocupado com as revisões da *Teoria dos sentimentos morais*; tornou-se funcionário do governo na Escócia, e morreu.

Pergunto-me, entretanto, se não teria havido alguma outra razão. Sendo filósofo moral, pode ser que a certa altura Smith tivesse se dado conta de que a política não era um bom lugar para a filosofia e tampouco para a moral. Teria isso acontecido enquanto ele escrevia o Livro 5 da *Riqueza das nações*? A velha nota de rodapé de Smith a seu respeito na *Teoria dos sentimentos morais*, esclarecendo estar preocupado com uma "questão de fato" mais do que com uma "questão de direito", jamais se poderia aplicar a uma consideração sobre política. A política é sempre sobre direito, o que significa: torta.

Os sistemas políticos baseiam-se em paradoxos profundos demais para a filosofia. Adam Smith tinha consciência disso ao redigir *A teoria dos sentimentos morais* na década de 1750. E a isso aludiu no primeiro capítulo: "Uma prisão é certamente mais útil para o público que um palácio. E quem funda a primeira é orientado geralmente por um espírito muito mais justo de patriotismo do que quem constrói o segundo."[1] Embora não haja pai que sussurre para seu recém-nascido: "Um dia você ainda será carcereiro em Leavenworth."*

As melhores intenções dos sistemas políticos são postas em dúvida por um dilema. Cabe à liderança política, afirma Smith, "promover a prosperidade da comunidade pelo estabelecimento da boa disciplina e do desestímulo a qualquer tipo de vício e impropriedade".[2] Negligenciar esse fato "expõe a comunidade a muitas desordens grosseiras e a chocantes atrocidades, e levá-lo exageradamente ao pé da letra destrói toda liberdade, segurança e justiça".[3]

A política não é receptiva ao óbvio e simples sistema da liberdade natural. Imaginem um político que, do alto do seu palanque, anunciasse: "Façam o que quiserem!"

Quanto ao tipo de político de maior sucesso Smith referiu-se a seu caráter numa seção da *Teoria dos sentimentos morais* acrescentada em 1790:

> Eles têm pouca modéstia e em geral são cheios de si, arrogantes e presunçosos. Grandes admiradores de si mesmos, e grandes escarnecedores dos outros. ... Sua excessiva presunção, fundada

---

* Penitenciária norte-americana de alta segurança, no Kansas, criada em 1895, com capacidade estimada para 1.200 detentos e sistema de recuperação por trabalho, educação e assistência psicológica. (N.T.)

> em exagerada auto-admiração, confunde a multidão. ... O freqüente e muitas vezes maravilhoso sucesso dos mais ignorantes charlatões e impostores ... demonstra bem como é fácil impor à multidão as mais extravagantes e infundadas pretensões.[4]

Mas — em política há sempre um mas... — "... quando essas pretensões são embasadas em alto grau de mérito verdadeiro e sólido, quando elas são exibidas com todo o esplendor que a ostentação lhes pode conferir, quando são apoiadas pelas altas camadas e o grande poder, ... até o homem de temperamento discreto muitas vezes sucumbe ao apelo da admiração geral".[5]

Talvez o aspecto da política mais frustrante para Smith tenha sido o enigma da justiça e da injustiça, mesmo nos sistemas políticos mais justificáveis. Na *Riqueza das nações* ele apresentou os requisitos para a ordem política promotora de bem-estar:

> O comércio e as manufaturas poucas vezes podem florescer por muito tempo em qualquer Estado que não goze da administração regular da justiça, em que o povo não se sinta seguro na posse da sua propriedade, no qual a fé nos contratos não seja atestada pela lei, e onde não se pressuponha que a autoridade do Estado seja regularmente empregada para garantir o pagamento das dívidas.[6]

A justiça é necessária para a proteção da propriedade. A propriedade, porém, é necessariamente injusta: "Onde quer que haja grande propriedade, haverá grande desigualdade."[7] Segundo Smith, a lei pode ser dispensada: "Quando não existe propriedade ... o governo civil não é tão necessário."[8] Mas, então, teremos o oposto da lei (e da propriedade) na questão da propriedade sem lei do feudalismo, ou em Mao Tsé-Tung. Assim, os sistemas políticos precisam ser estabelecidos, para se preservar a injustiça da propriedade por meio da aplicação da justiça.

Adam Smith não era um autor do absurdo. As críticas políticas combinam mais com um Jonathan Swift ou um Bernard Mandeville. No início dos anos 1700, Mandeville escreveu *A fábula das abelhas*, longo poema com ares de tratado em que se gaba, como declarou, "de ter demonstrado que ... o que chamamos de Mal no Mundo, tanto Moral quanto Natural, é o grande Princípio que nos torna Criaturas sociais".[9]

The worst of all the Multitude
Did something for the Common Good.
...
...whilst Luxury
Employ'd a Million of the Poor,
And odious Pride a Million more:
Envy it self, and Vanity,
Were Ministers of Industry;
Their darling Folly, Fickleness,
In Diet, Furniture and Dress,
That strange ridic'lous Vice, was made
The very Wheel that turn'd the Trade.
...
Thus Vice nurs'd Ingenuity,
Which join'd with Time and Industry,
Had carry'd Life's Conveniences,
It's real Pleasures, Comforts, Ease,
To such Height, the very Poor
Liv'd better than the Rich before,
And nothing could be added more.*[10]

* Os piores de toda a multidão/ Fizeram algo pelo Bem Comum /... /... enquanto a Luxúria/ Empregava um milhão de pobres/ e o odioso Orgulho

Outra obra de Mandeville é *A Modest Defense of Public Stews; or, An Essay upon Whoring*. Ele foi até mais atrevido que Swift em seus esforços *pour épater les bourgeois*, o que provocou uma queda no senso de humor de Smith, tal como se vê na *Teoria dos sentimentos morais*: "Há, entretanto, um outro sistema que parece eliminar toda distinção entre vício e virtude, e cuja tendência, por conta disso, é totalmente perniciosa: refiro-me ao sistema do dr. Mandeville."[11]

Um "sistema que parece eliminar toda distinção entre vício e virtude" — o que é isso senão *Poli Sci** em dez palavras?

Uma resposta para a incerteza política é uma extensão populista das óbvias e simples liberdades de Smith. Os cínicos políticos modernos podem, pelo menos, citar as palavras de Winston Churchill em seu discurso à Câmara dos Comuns em novembro de 1947: "A democracia é a pior forma de governo, à exceção de todas as outras formas já experimentadas." Na época de Smith, porém, a democracia ainda não fora experimentada. Ele não tinha toda essa emocionante fé para retornar ao tema.

Não existe nada teoricamente maravilhoso no governo do povo pelo povo. Por exemplo, numa das palestras de Smith sobre filosofia moral, ele teorizou que a escravidão jamais poderia ser abolida em uma República, porque "as pessoas que redigem todas as leis naquele país possuem escravos".[12]

---

mais outro milhão:/ A própria Inveja, e a Vaidade/ Eram os Ministros do Trabalho;/ Sua querida Loucura e Instabilidade,/ Regime, Mobília e Roupa,/ Aquele estranho e ridículo Vício foi /a própria Roda que fez girar o Comércio. /... / E assim o Vício alimentou a Ingenuidade,/ A qual, junto com o Tempo e o Trabalho/ Transportou as Conveniências da Vida,/ Seus reais prazeres, Confortos, Facilidades,/ A tal Altura, que os próprios Pobres/ Viveram melhor do que os Ricos, antes,/ E nada mais pôde ser acrescentado. (N.T.)

* Abreviatura de *political sciences*. (N.T.)

No século XVIII, a maior parte da informação sobre democracia tinha mais de dois mil anos. Como qualquer pessoa culta, Smith conhecia a história das Guerras do Peloponeso. Trata-se de história longa, mas que pode ser resumidamente contada. A Atenas democrática se contorcia. Smith não considerou estimulantes experiências mais recentes da democracia; observando os protestantes calvinistas na Suíça, concluiu que seu "direito de eleger seu próprio pastor ... não parece ter produzido nada a não ser desordem e confusão, e tender igualmente a corromper a moral tanto do clero quanto do povo".[13] (João Calvino mandou queimar em fogueira o antitrinitário Michael Servetus, em 1553.) Smith tampouco se impressionara com o que vira da democracia até então nas colônias norte-americanas. Observou "as rancorosas e virulentas facções, inseparáveis das pequenas democracias",[14] e previu que, se os americanos obtivessem sua independência, "aquelas facções ficariam dez vezes mais virulentas que antes".[15] Achava que as disputas internas da América "provavelmente em breve iriam irromper em violência e derramamento de sangue".[16] Smith estava equivocado — quanto ao "em breve", 85 anos se passariam até o bombardeio do forte Sumter.*

Entretanto, como não se pode dirigir a fé para a maioria do povo, temos de orientá-la para sua minoria. E foi o que Smith fez: "A estabilidade e a duração de todo sistema de livre governo dependem do poder que tem a maior parte dos líderes — a natural aristocracia de qualquer país — de preservar ou defender sua respectiva importância".[17] Essa confiança em

* Primeira batalha da Guerra Civil norte-americana. (N.T.)

uma "aristocracia natural" levou Smith para linha de raciocínio perigosa, até mesmo latino-americana:

> Onde a força militar é posta sob o comando dos que têm o maior interesse em apoiar a autoridade civil, porque eles próprios têm a maior participação nessa autoridade, um exército permanente jamais pode ser um perigo para a liberdade. ... A segurança que ele proporciona ao soberano torna desnecessária aquela perturbadora inveja que, em algumas modernas repúblicas, parece vigiar as menores ações e estar sempre a postos para perturbar a paz de todo cidadão.[18]

Impossível imaginar Adam Smith escrevendo absurdo semelhante sobre moralidade ou economia. Ele apoiou a mão invisível em luxuosa bengala. Instalou o Espectador Imparcial em majestosa residência de amplas dimensões. Smith compreendeu como a liberdade natural opera em nossa ética e em nossas carteiras de dinheiro, mas não tinha indícios de como poderia funcionar na urna eleitoral. Quando preparou uma receita política, trocou a liberdade natural orgânica pela "aristocracia natural" processada e geneticamente modificada.

Inútil criticar Smith. Passados mais de 230 anos de experiência, ainda não sabemos muito sobre democracia. Descobrimos que funciona. Se compararmos os países com o maior grau de democracia com os de maior grau das outras coisas que valorizamos, veremos que são os mesmos. Uma análise de qualquer governo democraticamente eleito, entretanto, leva a profunda perplexidade: *como?!*. E toda eleição democrática é uma triste demonstração da resposta. Talvez nós, o povo, com todas as nossas idiotices, nos anulemos mutuamente. Talvez pessoas politicamente habilitadas sejam diferentes de outras pestes e predadores — a única coisa pior que muitos deles é um número reduzido deles.

Pequenas doses de política podem tornar a vida melhor, como dizem que ter tomado todos os dias pequenas doses de veneno tornou o rei Mitridates do Ponto imune a envenenamento. A política, porém, tal como uma empresa, não se presta a ser parte de um projeto para o melhoramento da vida humana. Política é um projeto totalmente diferente, como, aliás, era do conhecimento de Smith. Ele argumentou a respeito da distinção entre moralidade e política na *Teoria dos sentimentos morais*: "Que instituição de governo tenderia a promover a felicidade da humanidade tanto quanto a prevalência geral da sabedoria e da virtude? Todo governo não passa de um remédio imperfeito para a deficiência dessas coisas."[19]

Ele defendeu a distinção — e a desvinculação — de economia e política na *Riqueza das nações*: "A indigna voracidade, o espírito monopolizador dos mercadores e dos fabricantes, que não são e nem deveriam ser os governantes da humanidade, talvez não possa ser corrigida: pode muito facilmente, entretanto, ser impedida de perturbar a tranqüilidade de qualquer pessoa, além da deles."[20]

E quanto à política em si, ele declarou: "A violência e a injustiça dos governantes da humanidade é mal antigo, contra o qual, temo, a natureza dos negócios humanos dificilmente admitirá algum remédio."[21]

13

Uma investigação sobre Adam Smith

Adam Smith admitia de fato apenas um remédio contra a violência e a injustiça dos governantes da humanidade: seria a humanidade se governar. Não sugeriu, porém, que se selecionassem democraticamente os líderes — eles acabam, afinal, de um modo ou de outro, se revelando violentos e injustos. E tolos — seu ego é, digamos, raro. A futilidade caracteriza seu staff, bem como sua atitude nas questões de urgência nacional. Dão ouvidos a esposas com cérebro de lebres, obedecem a delirantes conselheiros políticos e tiram fotografias com Gerry Adams* e Jack Abramoff. Smith queria simplesmente que usássemos nossos potenciais físico e mental para tornar os dirigentes da humanidade tão desnecessários e inconseqüentes quanto possível e deixá-los postos em seus castelos percorridos por correntes de ar, jogando ossos de galinha pelo chão.

---

* Dirigente do partido nacionalista da Irlanda do Norte. (N.T.)

Por essas e outras, a filosofia de Smith era fortemente baseada na realidade e a ela solidamente agarrada. Suas idéias eram praticáveis. *A teoria dos sentimentos morais* e *A riqueza das nações* abastecem o leitor de idéias funcionais, muito mais que ontológicas (seja lá o que isso possa significar). É como se minha aula de Introdução à Filosofia tivesse dispensado a *Crítica da razão pura*, de Kant, para abordar a crítica da atração de minha irmã por um motoqueiro cabeludo.

Smith, porém, era filósofo. *A teoria dos sentimentos morais* e *A riqueza* podem oferecer um programa de pensamento prático, embora não forneçam um programa prático. E certamente não oferecem um programa político prático, como demonstra a opinião de Smith sobre política.

A palavra filosofia significa — segundo a acepção de número 4 do *Webster's Third New International* — "a soma das idéias e convicções de um indivíduo". (É preciso, aliás, ler tudo até chegar à acepção 4 para obter uma definição útil de filosofia.) Não precisamos examinar a soma das idéias e convicções do cara que está consertando nosso carro, a menos que ele tenha sido condenado por reiterados roubos de carro e tenha a idéia de botar melaço no carburador. Não precisamos nos preocupar com a vida particular do mecânico — nem com a do presidente. Com relação a um filósofo, a coisa é diferente. Temos interesse, legítimo, aliás, de saber em que tipo de existência resultou a soma das idéias e convicções de Adam Smith. A vida de um homem não atesta a verdade de seus pensamentos — o que os pensamentos dos homens a respeito de Charlize Theron confirmam. A vida, entretanto, é uma demonstração de evidência — acepção 4, se preferirem — na avaliação desses pensamentos.

Essa evidência é de especial importância no caso de um filósofo que desposa a liberdade e tem a liberdade de exercer esse matrimônio. Por exemplo, Jean-Jacques Rousseau, tão admirado agora por oito ou nove gerações de românticos e radicais, deveria ser processado. O autor do *Contrato social* manteve durante 33 anos uma lavadeira analfabeta como amante, tratando-a de maneira infernal. Seus cinco filhos foram mandados para orfanatos assim que nasceram. Rousseau não teve sequer o trabalho de lhes dar nomes. Smith certa vez manifestou admiração por Rousseau, declarando a um visitante que ele "conduz o leitor para a razão e a verdade através das atrações do sentimento e da força da convicção".[1] Smith, todavia, em carta escrita em Paris para David Hume, referiu-se a "esse hipócrita pedante", declarando: "Estou completamente convencido de que esse Rousseau é um grande patife ... como todos por aqui acreditam."[2] É duvidoso que Smith tenha se deixado conduzir por Rousseau até a razão ou a verdade, ou a qualquer outra parte, sem ficar de olho bem aberto sobre o caminho pelo qual o estavam levando. Foi definitivamente Rousseau, e não Smith, que escreveu: "Tudo em sua raiz depende da política."[3]

Quem foi de fato Adam Smith, e até que ponto isso não é da nossa conta

Temos boas razões para conhecer algo a respeito da vida de Adam Smith; dois problemas, entretanto, se apresentam, sendo o primeiro o próprio Smith. Ele nunca manteve um diário, era correspondente irregular, sem interesse por colecionar as cartas que recebia. Queimava suas anotações acadêmicas, não tinha nenhum puxa-saco que registrasse cada observação sua. Não tinha blog.

Somos nós o segundo problema, bem como o que costumamos saber sobre os grandes homens e mulheres, além dos que passam por suas vidas. O que costumamos procurar saber é tudo. Existe uma biografia de Lyndon Johnson* em andamento, e cuja redação está tomando tempo equivalente ao de toda a carreira ativa de LBJ como político. E cuja leitura me tomará muito mais tempo. A alma de um homem só é compreensível por Deus, e, assim, o máximo que os mortais conseguem tirar dessa empresa infernal é a compreensão da personalidade do sujeito biografado.

O termo "personalidade" ainda não fora inventado no século XVIII. A visão cósmica de Copérnico era aceita. A Terra não era mais considerada o centro do Universo. Mas a visão romântica neoptolemaica do cosmo ainda não virara moda: o self ainda não tomara o lugar da Terra. O monte de tiques e traços de excentricidades que individualiza as pessoas não era considerado de suprema importância. Personalidade, na década de 1700, significava o fato de ser pessoa, e não coisa. O tão prolixo e solipsista Ralph Waldo Emerson parece ter inaugurado o uso da palavra tal como a empregamos hoje.

O que o homem do século XVIII possuía era caráter. De todas as qualidades pessoais distintivas que tivesse, caráter era a que mais atenção merecia. E como acontece com quase tudo que é o melhor da vida, o caráter é muito chato. "O vício é sempre imprevisível; só a virtude é regular e ordeira", afir

* Ex-presidente dos Estados Unidos, falecido em 1973. (N.T.)

mou Smith na *Teoria dos sentimentos morais*.[4] Em sua opinião, a "diferença entre um homem de princípios e honra e alguém sem valor" é que "o primeiro se mantém firme e resolutamente fiel a suas máximas, em todas as ocasiões, preservando padrão regular de conduta durante sua vida inteira. O outro age de forma variada e acidental, de acordo com o que no momento seja o mais importante: humor, inclinação ou interesse".[5]

Toda pessoa moderna é alguém sem valor. Não admira que muitas das mais admiráveis — e não-modernas — pessoas do século XVIII não "cheguem vivas nos registros" para nós modernos. Enquanto isso, algumas das menos admiráveis, como Rousseau, permanecem hoje tão vivas que ainda precisam ser eliminadas. Richard Brookhiser enfrentou esse problema do bom caráter em sua biografia de George Washington, *Founding Father*:

> Preocupamo-nos com nossa autenticidade — em saber se nossa apresentação reflete quem "realmente" somos. Os norte-americanos do século XVIII atentavam mais para a história externa e eram menos ávidos em aplicar argamassa entre o homem interior e o exterior. "Caráter" ... era o papel que alguém desempenhava até virar a própria personagem; "caráter" também significava o modo como nosso papel era julgado pelos outros. Era tanto o desempenho quanto sua crítica. Todo homem tinha um caráter a preservar, todo homem era um ator caricato.[6]

O papel de Adam Smith como o Fred Mertz em *I Love Political Economy** foi tão regular, ordeiro e chato quanto po-

* Fred Mertz era o nome de uma personagem da série de televisão *I Love Lucy*, dos anos 1950. (N.T.)

deria esperar qualquer proponente de suas idéias e defensor de seu caráter. Smith viveu a maior parte da sua vida adulta com a mãe viúva — Margaret Douglas Smith — e a prima solteirona, Janet Douglas. Elas eram loucas por ele, e ele por elas. "E nada mais se pôde acrescentar."

Os comentários de Smith sobre sua mãe, em carta a seu amigo e editor William Straham, relatando a morte da sra. Smith aos 90 anos, nada têm de memórias tipo século XXI: "Uma pessoa que certamente me amou mais do que qualquer outra pessoa jamais o fez ou jamais fará; e a quem eu certamente amei e respeitei mais do que jamais amarei ou respeitarei qualquer outra pessoa."[7]

O único episódio doméstico, ocorrido em meados de 1788, que chegou até nós é relatado por sir Walter Scott, então estudante na Universidade de Edinburgo. Na hora do chá, conta Scott, Smith provocou lamentável perturbação em Janet Douglas, "esquecendo-se completamente de que ela o convidara para sentar-se à mesa, e ficou dando voltas e voltas, ... detendo-se de vez em quando para surripiar um torrão de açúcar do açucareiro, que a venerável solteirona foi obrigada a colocar sobre os joelhos, como única forma de preservá-lo das mais antieconômicas depredações".[8] Sir Walter Scott, todavia, era capaz de criar uma história em cima de qualquer coisa, como o fez tantas vezes.

David Douglas, o filho de nove anos de outra prima de Smith, foi levado para a casa dele na época em que o celibatário Smith tinha 55 anos. Skates, televisão, Xbox, nada disso fora ainda inventado, de modo que Smith se aproveitou de fato para passar seus momentos de lazer dando aulas a David. (Espera-se que "Variações no valor da prata no decurso dos quatro últimos séculos" só tenha sido abordado de passagem.) David Douglas tornou-se o herdeiro de Smith. Contrariamente às histórias que se conhece sobre herdeiros de gente importante contemporânea (como seria a palavra reabilitação no dialeto escocês?), Douglas ascendeu à bancada escocesa como lorde Reston.

Não há registro de qualquer acusação contra Adam Smith por prevaricação, duplicidade, negócios desonestos ou mesmo por ter um pouquinho demais daquela cabeça boa para negócios que a sua estimada classe média inventou. Ele renunciou a seu cargo de professor em Glasgow para tornar-se tutor do jovem duque de Buccleuch. Por ter deixado o cargo na metade do período letivo, tentou devolver os pagamentos dos estudantes que gostavam tanto dele a ponto de nenhum aceitar o reembolso. Smith declarou: "Os senhores não me deviam recusar essa satisfação; não, pelos céus, senhores, não deviam." E então segurou pelo casaco o jovem que estava mais perto e enfiou o dinheiro em seu bolso.[9]

Smith recebeu uma pensão vitalícia por ter sido tutor do duque de Buccleuch, que o qualificava como "um amigo que amei e respeitei não só pelas grandes capacidades, mas graças a cada virtude sua em particular".[10] Anos mais tarde, o duque arranjou-lhe uma nomeação política, e a reação de Smith foi dispor-se a renunciar à pensão. A única maneira que o duque encontrou para dissuadir Smith dessa questão de honra foi invocar seu aspecto mais pessoal. Como Smith explicou em carta a um amigo: "Sua Graça mandou-me dizer ... que, embora eu estivesse considerando o que era próprio para minha honra, eu não considerava o que era próprio para a dele; e que ele jamais poderia tolerar que desconfiassem de que ele providenciara um cargo para um amigo visando livrar-se do fardo daquela anuidade."[11]

Adam Smith conseguiu um bom meio de vida fazendo parte do que descreveu como "essa raça de homens nada próspera, comumente chamados homens de letras".[12] E distribuiu quase toda a renda que esse meio lhe proporcionou. Um exemplo disso veio à luz numa carta comercial de Smith, vendida num leilão em 1963.[13] Ele determinava que 200 libras (correspondente ao valor de nove meses da pensão) deveriam ser enviadas a um "sobrinho de Gales" para que o jovem não tivesse de vender sua patente no Exército. Smith não tinha carruagem nem gastava de forma extravagante com a casa ou com roupas. Oferecia jantares aos domingos. "A situação de seus bens à época de sua morte, comparada a suas tão modestas instalações, vinha confirmar, sem a menor dúvida", escreveu um conhecido mais chegado, "o que seus amigos íntimos muitas vezes tinham suspeitado: que grande parte de suas economias anuais era distribuída por instituições de caridade."[14]

Adam Smith era um homem grande, de mãos grandes, dentes grandes, e aquele nariz grande que todo mundo do século XVIII parecia ter. Em seus retratos lembra um pouquinho aquele outro cara também cheio de determinação, George Washington, porém mais gordo e menos preocupado com a dentadura e a democracia. "Sua expressão era máscula e agradável", comenta um amigo,[15] e outro acrescenta: com "um sorriso de inexprimível benevolência".[16]

Há um aspecto perturbador, para o leitor moderno, referente aos escândalos românticos envolvendo Adam Smith: eles jamais aconteceram. E tampouco temos alguma informação não escandalosa. O único biógrafo de Smith que o conheceu pessoalmente foi Dugald Stewart, ocupante da antiga cátedra de filosofia moral de Smith na Universidade de Glasgow, e filho de um colega seu de escola, na mesma cidade. Stewart pode ser acusado de certa reticência, mas uma história ele revelou:

> Na primeira parte da vida do sr. Smith, é bem sabido por seus amigos que ele passou vários anos apaixonado por uma jovem de grande beleza e cultura. ... Quais as circunstâncias que impediram aquela união, eu nunca pude saber. Mas creio ser certo que, depois daquele desapontamento, ele deixou de lado qualquer idéia sobre casamento. A senhora a quem fiz alusão também faleceu sem se casar. ... Tive o prazer de vê-la, quando ela chegava aos 80 anos, e ainda conservava os traços da antiga beleza.[17]

Stewart também pode ser acusado de ficar até tarde lendo versos de amor.

Ian Simpson, autor de uma biografia muito mais recente (1995) e meticulosa, observou: "Teme-se que o biógrafo pouco mais possa fazer, com o tópico da vida sexual de Smith, que acrescentar uma nota de rodapé sobre a história da sublimação."[18]

Na verdade, porém, eu não seria um leitor moderno se não tentasse. Smith deixou algumas insinuações de que era um homem como qualquer outro. *A teoria dos sentimentos morais* inclui um comentário espontâneo, do tipo que sempre faz todo homem igual a qualquer outro, quando os ditames da moda estão atrapalhando as inclinações naturais: "As mulheres, ... esforçando-se, durante quase todo o século passado, para espremer suas naturais e belas formas arredondadas dentro de um contorno anguloso."[19] E há também a menção, na *Riqueza das nações*, às infelizes mulheres que só comem batatas, "que vivem da prostituição" e que Smith considerou "talvez as mais lindas mulheres dos domínios britânicos".[20] Que os leitores modernos façam "hmmmmmmm...".

Enquanto empreendia, com o duque de Buccleuch, uma grande excursão pela França, Smith foi apresentado a uma marquesa francesa, que, segundo John Rae, o biógrafo de Smith do século XIX, se mostrou "decidida a fazer aquela conquista tão importante".[21] Smith tudo fez para conseguir proteger-se, o que o deixou bastante embaraçado e divertiu muito os membros da excursão. Isso, porém, pode não ter sido mera questão de castidade. Um amigo dele revelou a outro amigo que o motivo verdadeiro de Smith evitar a marquesa foi ter-se apaixonado por uma dama inglesa que também se encontrava na cidade. Isso parece ter resultado em desapontamento adicional àquele descrito por Dugald Stewart. Talvez tenha sido mais uma vez que Smith renunciou definitivamente ao casamento. Muitos homens fizeram isso.

De qualquer modo, em Paris, Smith fez uma conquista o coração de mme. Riccoboni, senão o resto. Tratava-se de conhecida atriz que deixou os palcos para se tornar famosa autora de romances de amor. Existe uma carta que ela escreveu a um amigo, o dramaturgo e ator David Garrick, e que John Rae como outros biógrafos de Smith, até a década de 1960, deixaram discretamente em francês:

> Ah, esses escoceses! Esses cachorros escoceses! Eles me agradam, mas também me afligem! Eu sou como essas jovens tolas que ficam escutando o amante sem pensar no remorso, que

> é sempre vizinho do prazer. Pode me ironizar, me bater, me matar! Mas eu amo o sr. Smith, eu o amo muito. Gostaria que o diabo carregasse todas essas nossas mentes literárias, esses nossos filósofos e me trouxesse de volta o sr. Smith.[22]

Para não ficar para trás em toda aquela efusão (embora em estilo bem escocês), Smith incluiu mme. Riccoboni em sua revisão da *Teoria dos sentimentos morais*: "Os poetas e escritores de romances que melhor pintam os refinamentos e delicadezas do amor e da amizade, além de todas as demais afecções particulares e domésticas, Racine, Voltaire, Marivaux e Riccoboni, são, nesses casos, muito melhores instrutores que Zenão, Crisipo ou Epíteto."[23]

Atualizando essa lista de Smith, o resultado seria algo como "Stoppard, Pinter, Updike, Bellow e Danielle Steel".*

Embora no Iluminismo o caráter superasse a personalidade, Smith tinha grande dose desta última. Ficaríamos inclinados a deixar de lado seu caráter, e chamá-lo apenas uma pessoa. Ele costumava falar sozinho e balançar a cabeça continuamente de um lado para o outro. Quando caminhava, parecia querer ir em todas as direções. Contou aos amigos que certa vez, quando passava pela High Street em Edinburgo, ouviu uma vendedora no mercado matraquear algo sobre um lunático, obviamente rico, que deixavam andar desacompanhado.

---

* Tom Stoppard, premiado dramaturgo tcheco naturalizado inglês, co-autor do roteiro do filme *Shakespeare apaixonado*; Harold Pinter, ganhador do Prêmio Nobel de literatura de 2005, ator, diretor, poeta, roteirista e dramaturgo inglês, além de ativista político; John Updike, escritor norte-americano de narrativa realista e satírica, vencedor dos prêmios mais importantes de literatura dos Estados Unidos; Saul Bellow, escritor judeu nascido no Canadá e naturalizado americano, Prêmio Nobel de literatura de 1976; Danielle Steel, escritora norte-americana autora de best-sellers medíocres. (N.T.)

Smith era fantasticamente distraído. Enquanto trabalhava na *Riqueza das nações* em casa de sua mãe, em Kirkcaldy, parece que certa vez foi até o jardim vestido em pijamas e, absorto em seus pensamentos, perambulou até a estrada. Caminhou até Dumferline, a quase 25 quilômetros de distância, até que os sinos do campanário interromperam seu devaneio, e, em meio à multidão que se dirigia à igreja, ele se deu conta de seus trajes.

Alguém que certa vez tomou café-da-manhã com Smith em Londres contou que ele, profundamente concentrado na conversa, colocou pão, manteiga e água fervendo dentro do bule de chá, serviu-se e depois declarou que aquele fora o pior chá que já tinha tomado. Seus colegas professores da Universidade de Glasgow o evitavam como parceiro de *whist* porque, se lhe ocorresse alguma idéia durante a partida, ele declarava não ter mais cartas naquela rodada. Jantando em Dalkeith House, propriedade rural do duque de Buccleuch, Smith começou a fazer comentários ferinos sobre um importante político, sem reparar que, sentado no outro lado da mesa, estava um parente próximo de seu alvo. Ao se dar conta disso, ele se interrompeu, mas logo em seguida comentou com seus botões que o diabo podia estar certo de que tudo aquilo era verdade.

A maior parte dessas histórias cai na categoria jornalística "bom demais para se checar". Porém há evidências de sua veracidade, de modo geral, nas anotações feitas pelos estudantes em suas palestras sobre retórica, em Glasgow. Ele se referiu a uma personagem muito distraída, de uma peça teatral francesa. Rabiscado à margem de um caderno, lê-se um comentário, em latim, correspondente a "Olhe só quem está falando".

Quando Smith era funcionário do governo em Edinburgo, havia sempre um guarda cerimonial para recebê-lo, um porteiro em túnica de elaborado estilo militar e com um bastão de dois metros de comprimento. Todo dia, quando Smith chegava, o porteiro realizava uma seqüência de movimentos de ordem-unida. Certa vez Smith ficou tão fascinado com aquilo que, usando sua bengala de bambu como o bastão do guarda, começou a imitar-lhe todos os movimentos: Apresentar armas! — e ele apresentou o bastão. Sentido! — e ele ficou em posição de sentido. Descansar! — e ele ficou na posição de descansar. Mais tarde, ninguém pôde convencê-lo de que fizera algo muito esquisito. Dugald Stewart diz que, segundo uma teoria estética de Smith, muito do prazer que sentimos com as artes miméticas tem a ver com a dificuldade da imitação. Talvez Smith estivesse pensando sobre isso naquele momento. Ou talvez só quisesse mesmo bancar o pateta.

Por mais distraído que Smith fosse, ele era presente. Tinha em elevada conta a sociabilidade, a ponto de incluí-la no capítulo sobre decoro na *Teoria dos sentimentos morais*: "Sociedade e conversação ... são os remédios mais poderosos para se restituir a tranqüilidade à mente."[24] Era sócio de uma profusão de clubes, desde a Royal Society de Londres até uma coisa chamada Sociedade Seleta de Edinburgo, onde se debatiam temas como o tamanho ideal das fazendas na Escócia, e se oferecia um prêmio a qualquer pessoa que pudesse "consertar o maior número de chaminés fumacentas". Recebeu até uma patente honorária de capitão da Guarda Municipal de Edinburgo, embora eu não saiba dizer se isso foi antes ou depois do episódio com o porteiro. Smith deve ter sido um homem muito amável. John Rae conta a história de um professor de geologia francês submetido por Smith a uma noitada de música de gaita-de-fole. Nas palavras do professor de geologia, foi "um barulho horroroso". Depois, porém, o mesmo francês relatou que "não houve ninguém em Edinburgo que eu visitasse com mais freqüência que Smith".[25]

Smith conhecia David Hume, Edward Gibbon, Pitt, o jovem, sir Walter Scott, Voltaire, Rousseau, Edmund Burke, James Watt, Benjamin Franklin e o duque de la Rochefoucauld. Hoje é impossível imaginarmos que alguém conheça toda essa gama de gente. Pessoas assim não existem mais.

A amizade mais íntima de Smith era com David Hume, que ele conheceu em Edinburgo por volta de 1750. Eram uma espécie de O Gordo e o Magro de mente elevada e superintelectualizada, e sem acessos de fúria ou tortas atiradas no rosto um do outro; melhor, seriam O Magro e o Magro, já que nenhum dos dois era gordinho ou caladão. Uma passagem da *Teoria dos sentimentos morais* parece ser a versão de Smith da relação entre eles:

> De todos os afetos por um indivíduo, aquele que se baseia inteiramente na estima e aprovação de sua boa conduta e comportamento, e é confirmado por longo tempo de experiência e conhecimento, é de longe o mais respeitável. ... O afeto baseado no amor pela virtude, que certamente é o mais virtuoso de todos os afetos, como também o mais feliz, e o mais permanente e seguro.[26]

Quanto à versão de Hume, existe um elaborado texto, uma cômica seqüência de 120 palavras numa carta escrita em Londres para Smith, que se encontrava em Glasgow à espera de novidades sobre a forma como fora recebida a publicação da *Teoria dos sentimentos morais*. Hume relaciona várias pessoas importantes a quem ofereceu um exemplar, e fornece detalhes biográficos de cada uma, antes de dizer:

> Fiquei adiando escrever para o senhor até que pudesse contar-lhe alguma coisa sobre o sucesso do livro, e prognosticar com alguma probabilidade se ele finalmente seria fadado ao esquecimento ou registrado no Templo da Imortalidade. Embora tenha sido publicado há algumas semanas apenas, acho que já surgem sintomas tão fortes que quase posso me aventurar a predizer seu destino. Em resumo, é o seguinte. Mas acabo de ser interrompido nesta minha carta por uma tola visita impertinente, de alguém que chegou recentemente da Escócia. Ele me conta que a Universidade de Glasgow pretende declarar vago o posto de Rouetts.

Hume então gasta um longo parágrafo em fuxicos sobre quem poderia ficar com aquele posto, levando os boatos até as amizades de ambos e a uma digressão sobre o amigo comum lorde Kames e seu livro *Historical Law-Tracts*, do qual Hume diz o seguinte:

> Um homem pode tanto pensar em fazer um belo molho misturando o amargo e o ácido, como fazer uma agradável mistura de metafísica com direito escocês. ... Mas, para retornar ao seu livro, e o seu sucesso nesta cidade, devo dizer-lhe que... Ora, mas que praga de interrupções! Eu já tinha decidido não atender a nenhuma. Mas, mesmo assim, chegou aqui alguém que mais uma vez me submeteu. É um homem de letras, e tivemos uma bela conversa literária. O senhor me disse que tinha curiosidade a respeito de anedotas literárias, e por isso vou reproduzir-lhe algumas.

O que ele faz, de fato.

> Mas o senhor dirá: o que terá isso tudo a ver com meu livro? Meu caro sr. Smith, tenha paciência. Arme-se de tranqüilidade. Mostre-se um filósofo na prática, tanto quanto na profissão. Pense no vazio, na temeridade e na futilidade dos julgamentos comuns dos homens: como eles são pouco regulados pela razão em qualquer assunto, e muito mais em assuntos filosóficos, que em tanto excedem a compreensão do vulgo.

Insere-se então uma citação latina, seguida por uma série de novas admoestações à equanimidade e, depois, por uma história de como um político ateniense, de nome Phocion, sempre achava que cometera algum erro quando a população o aplaudia. "Supondo, dessa forma", escreve Hume, "que o senhor se preparou devidamente para o pior, depois de todas essas reflexões, prossigo para revelar-lhe as melancólicas notícias de que seu livro foi muito desafortunado. Pois o público parece disposto a aplaudi-lo ao máximo. Foi esperado impacientemente pelo povo néscio, e a multidão dos literatos já começa a elogiá-lo em altos brados."[27]

Nesse livro, que a multidão de literatos elogiava em altos brados, Adam Smith declarou acreditar que "a principal parte da felicidade humana surge da consciência de ser amado".[28] Entretanto, Smith não era um desses horríveis indivíduos de quem se diz "Era amado por todo mundo". O dr. Johnson não gostou dele. Aparentemente, o primeiro encontro deles foi numa festa em Londres. Na mesma noite, mais tarde, Smith, já em outra festa, comentou que Johnson era "um insensível. Ele é um insensível". Johnson o havia atacado por defender o caráter de Hume, a despeito das opiniões ateísticas deste, e Smith insistira em defendê-lo.

Então perguntaram a Smith: "E o que Johnson disse?"

"Ele disse: 'O senhor está mentindo.'"

"E o que o senhor respondeu?"

"Eu respondi: 'O senhor é um filho-da-puta.'"[29]

Essa história não deve ser totalmente verídica. Mas vamos deixá-la representando o que transpirou da reunião daquelas grandes mentes da época.

Smith e Johnson tiveram ao que parece um tipo de relacionamento desagradável. Quando Boswell informou a Johnson que Smith detestava versos brancos, Johnson respondeu: "Senhor, certa vez estive na companhia de Smith, e nós não simpatizamos um com o outro. Mas se eu soubesse que ele gostava tanto das rimas, como o senhor me diz, eu lhe teria dado um abraço."*[30]

Devem, contudo, ter feito as pazes, porque Smith se tornou membro do Literary Club, do qual o dr. Johnson era a grande estrela. E Johnson defendeu *A riqueza das nações*: "Um homem que jamais se engajou pessoalmente no comércio pode, sem dúvida alguma, escrever bem sobre comércio, e

---

* Boswell fora aluno dedicado de Smith, em Glasgow, porém mais tarde se tornou insolente. Depois da morte de David Hume, Smith redigiu um panegírico, em que dizia: "Eu sempre o considerei ... tão amável quanto próximo à idéia do homem perfeitamente sábio e virtuoso, como permite talvez a fragilidade da natureza humana" (*Correspondence of Adam Smith*, p.221). Boswell sentiu uma ofensa cristã diante disso, qualificou o texto de "desfaçatez atrevida", e se gabou: "Certamente, hoje tenho muito mais conhecimentos que meu professor" (J. Era, *Life of Adam Smith*, p.312).

Infelizmente, Smith pode ter sido parcialmente culpado pelos Boswell deste mundo, e aqueles seus intermináveis textos "contando tudo". Boswell declarou que Smith, em suas palestras de retórica, costumava dizer que nada era desnecessário saber sobre um grande homem, e que mencionou certa vez que gostou de saber que Milton usava fechos em seus sapatos, e não fivelas (ibid., p.371).

não há nada que requeira mais ser ilustrado em filosofia que o comércio."[31]

A vida de Adam Smith – um esboço bem econômico

Adam Smith nasceu em data incerta, nos começos de 1723. Era filho póstumo de outro Adam Smith, que foi juiz defensor da Escócia e fiscal aduaneiro no distrito de Kirkcaldy. Um freudiano libertário, se tal coisa existisse, poderia criar algo com a atitude psicológica de Smith Junior em relação ao livre comércio.

Sua família era razoavelmente próspera e razoavelmente bem relacionada. Ele passou a infância em Kirkcaldy, do lado do Firth of Forth oposto ao de Edinburgo. Sua única grande aventura aconteceu quando ele tinha quatro anos. Foi seqüestrado por ciganos, embora, de forma decepcionante para nós, tenha sido encontrado poucas horas depois. O biógrafo de Smith, John Rae, observou: "Penso que como cigano ele teria deixado muito a desejar."[32] Não estou bem certo disso. Os ciganos de hoje, em vez de ler a sorte nas linhas das mãos e maquinar trapaças, bem poderiam dirigir a Citicorp.

Smith freqüentou uma escolinha de vilarejo em Kirkcaldy que, de alguma forma, parece ter sido bem diferente das escolinhas de vilarejo que meus filhos freqüentam. Começou a estudar latim aos dez anos. Mas duvido que soubesse tocar "Kumbayah" no gravador ou que criticasse sua mãe por não reciclar o lixo. Aos 14 anos foi estudar na Universidade de Glasgow, pois naqueles tempos os calouros universitários tinham essa idade. Isso lhe forneceu certa desculpa para se comportar como calouro universitário, embora não tenhamos nenhuma evidência de que tenha feito isso.

A matéria favorita de Smith era matemática, o que pode fazer ou não sentido, dependendo do papel que atribuímos a essa disciplina numa economia de livre mercado. Entretanto, o professor favorito de Smith era Francis Hutcheson, filósofo, ético e um daqueles luminares do Iluminismo escocês, cuja luz hoje foi parar sob o tapete da história intelectual. Hutcheson foi o primeiro professor em Glasgow a fazer substituir o latim pelo inglês em palestras. Era forte defensor da liberdade individual e da parte econômica dessa liberdade, que tomamos de forma tão pessoal. Foi Hutcheson, e não Jeremy Bentham quem primeiro declarou que o fator determinante da moralidade era "a maior felicidade da maioria".*[33]

Smith deveu em parte a Hutcheson a tese de que o direito à propriedade se baseia no trabalho. (John Locke apresentara argumento semelhante.) Hutcheson acreditava que o homem tem o direito à propriedade porque tem direito a beneficiar-se do trabalho usado naquela propriedade. E indiretamente Hutcheson deu a Smith a idéia para o Espectador Imparcial. Hutcheson concluiu que a solidariedade não poderia ser a base da moralidade, pois muitas vezes aprovamos ações tomadas por pessoas com quem não simpatizamos. Smith percebeu uma forma de contornar esse argumento.

No primeiro ano que Smith passou na universidade, o clero presbiteriano de Glasgow tentou excomungar Hutcheson,

---

* Deixando de lado Platão, *A República*, Livro 4: "Nosso objetivo ao fundar o Estado não era a felicidade desproporcional de nenhuma classe, mas a maior felicidade do todo."

considerado exageradamente otimista em relação à religião ao ensinar que Deus nos concedeu meios de distinguir o bem e o mal, mesmo sem sermos religiosos. Hutcheson sobreviveu à discussão, que, porém, parece ter impressionado Smith. Em suas obras, ele se mostrou avesso à controvérsia religiosa e, aliás, à própria religião, embora conseguisse ser, a seu modo e concomitantemente, sempre religiosamente otimista.

Foi agraciado com uma Snell Exhibition, uma espécie de Bolsa Rhodes daqueles tempos, o que lhe permitiu freqüentar a Universidade de Oxford. Ele fora uma criança frágil, sua saúde jamais foi muito boa, mas não era medroso. Fez, a cavalo, os mais de 500 dolorosos quilômetros de Glasgow até Oxford.

Ele odiou o lugar. "Na Universidade de Oxford", declarou na *Riqueza das nações*, "a maior parte dos professores públicos tem, nesses anos todos, renunciado completamente até à pretensão de ensinar."[34] Ele passava seu tempo lendo imensa quantidade de livros, mesmo para seus padrões. Lia obras em latim, grego, francês, italiano e inglês. Smith, que já se correspondia com David Hume, embora ainda não se tivessem encontrado, foi surpreendido lendo *Tratado da natureza humana*, de Hume, e o livro lhe foi confiscado pelos deões conservadores. Sua estada em Oxford, dos 17 aos 23 anos, foi a única época de sua vida em que ele parece não ter feito amigos.

Em 1746 renunciou à Snell Exhibition e foi para casa, morar com a mãe. Ganhou a vida fazendo palestras sobre literatura inglesa. Ele gostava de Pope e de Gray, não gostava dos poemas menores e mais legíveis de Milton, achava que Dryden era melhor poeta que Shakespeare e concordava com Voltaire quanto ao fato de Shakespeare ter escrito boas cenas, porém não uma boa peça. No prefácio a *Lyrical Ballads*, Wordsworth chamou Smith de "o pior crítico, com exceção de David Hume, que a Escócia — solo em que esse tipo de erva daninha parece tão comum — já produziu".[35]

O próprio Smith parece não ter tido uma impressão lá muito boa das palestras. Há um comentário na *Teoria dos sentimentos morais* sobre certas coisas que são "meramente uma questão de gosto" e que têm "toda a fragilidade e delicadeza dessa espécie de percepção".[36] Em Edinburgo, entre os que desejavam se aprimorar, parte do atrativo das palestras era a língua, mais do que a literatura inglesa. Smith parecia aos ouvintes alguém que, de acordo com a moda, perdera o sotaque escocês. Sorte nossa! Caso contrário ler *A riqueza das nações* seria como assistir ao pior tipo de recital de Robert Burns.*

Em 1751, aos 28 anos, Smith foi nomeado professor de lógica na Universidade de Glasgow. Logo foi promovido à cátedra mais prestigiada de filosofia moral. Era um professor popular. O dr. Tronchin, médico de Voltaire, enviou seu filho para estudar com Smith, e o futuro primeiro-ministro lorde Shelburne mandou o irmão mais moço. Além dos tipos à James Boswell, Smith atraía estudantes até da Rússia. Semyon Efimovitch Desnitsky e Ivan Andreyevich Tret'yakov iriam depois lecionar na Universidade de Moscou, onde divulgaram as idéias de Smith — aparentemente sem lograr repercussão.

Em Glasgow, Smith serviu também como *quaestor*, curador da câmara colegial, vice-reitor, *praeses* das reuniões da universidade e ocupou ainda outros postos administrativos de nomes engraçados. Segundo todos os relatos, ele era confiável

* Poeta escocês do século XIX. (N.T.)

e eficiente. Há uma grande diferença entre ser distraído e ser avoado, diferença, aliás, que se constata, por exemplo, entre as políticas externas da Grã-Bretanha e da França.

Smith chamou sua permanência na Universidade de Glasgow de "o período de 13 anos que ... lembro como de longe o mais útil e, por isso mesmo, o mais feliz e honrado da minha vida",[37] embora essa frase tenha sido escrita numa carta de agradecimento à Universidade por tê-lo eleito reitor em 1787, o que mais poderia ele dizer? E também temos de levar em consideração o "por isso mesmo".

Em 1763, Smith recebeu proposta para ser tutor do duque de Buccleuch, de 17 anos, e acompanhá-lo em viagem à França. Ele aceitou prontamente.

A opinião de Smith sobre essas excursões ao continente ficou registrada na *Riqueza das nações*:

> Na Inglaterra, generaliza-se cada dia mais o hábito de mandar jovens ao exterior imediatamente após deixarem a escola. ... Alega-se que nossos jovens costumam voltar dessas viagens muito mais preparados. Um jovem que vai ao exterior com 17 ou 18 anos, e regressa com 21, volta três ou quatro anos mais velho. ... Nessa idade é muito difícil não progredir bastante em três ou quatro anos. ... Sob outros aspectos, ele comumente volta mais presunçoso, vazio de princípios, dissipado e incapaz de qualquer aplicação séria ao estudo ou ao trabalho, do que se tivesse vivido aqui.[38]

Parece que o duque de Buccleuch era um jovem muito bom.

A 11ª edição da *Encyclopaedia Britannica* aponta que ele se tornou "famoso por sua generosidade e boas ações", das quais as dirigidas a Adam Smith não foram as menores. Parece que Smith deduzia e/ou confiava que o duque jamais leria *A riqueza*.

A proposta de emprego para Smith partiu do padrasto do duque, Charles Townshend, futuro ministro da Fazenda, que daria o pontapé inicial na Revolução Americana com seus impostos sobre o chá. *A riqueza das nações* ainda não fora escrita, e Townshend ficara impressionado com o primeiro livro de Smith.

A teoria dos sentimentos morais também muito impressionou os franceses. Smith foi recebido em todos os mais intelectualizados *salons*, embora seu desempenho do idioma fosse desastroso. Possivelmente foram muitos os bilhetinhos trocados com Quesnay, Turgot, Helvetius, Diderot e, evidentemente, com mme. Riccoboni. Orientando-nos pela carta que madame escreveu a Garrick, podemos imaginar que tipo de bilhetinhos ela mandava àquele escocês.

Em viagem a Genebra, Smith encontrou-se cinco ou seis vezes com Voltaire, que, segundo consta, relatou a Smith a história de como seu amigo comum, o velho depravado duque de Richelieu, tomou emprestada a prataria da embaixada em Viena e jamais a devolveu. E Voltaire observou para Smith, como para outras pessoas também, que "os ingleses só conhecem um molho: a manteiga derretida". Encontro das Mentes Notáveis, Parte II. Aquele professor francês que agüentou a música de gaita-de-fole revelou que Smith reverenciava a memória de Voltaire.

No final de 1766, Smith voltou para casa e foi trabalhar seriamente na *Riqueza das nações*. O livro fora começado durante uma crise de tédio em Toulouse — e foi reação muito melhor ao tédio daquela cidade do que atear fogo em automóveis nos subúrbios. Smith escreveu e reescreveu o texto durante os dez anos seguintes.

A publicação da *Riqueza* teve efeitos imediatos, e não necessariamente bons. O Livro 5 foi o que os homens influentes apreenderam. Qualquer conselho que se dê ao governo — não importa o quanto seja razoável, inteligente e cheio de bons princípios — tem apenas um resultado: mais governo. Em 1777 e 1778, o primeiro-ministro lorde North introduziu quatro novos impostos, todos sugeridos — inadvertidamente, é provável — por Smith.

Havia o imposto sobre os criados, que estavam engajados no que Smith categorizara como "trabalho improdutivo", e um imposto sobre as casas desabitadas, porque Smith dissera que "o aluguel de moradias é pago pelo uso de algo improdutivo".[39] Havia o imposto sobre a propriedade vendida em leilão. Smith infelizmente mencionara que certas transferências de propriedade são "públicas e notórias ou ... não podem ser dissimuladas" e que "tais transações, dessa forma, podem ser taxadas diretamente".[40] E havia o imposto sobre o malte, o que significava um imposto sobre a cerveja, aquele luxo na despesa das camadas inferiores do povo. As intenções de Smith tinham sido boas. Ele simplesmente chamara atenção, em sua consideração a respeito dos "Impostos sobre Mercadorias de Consumo", para o fato de haver "uma receita superior à que atualmente é recolhida de todos os pesados impostos sobre o malte e a cerveja inglesa, impondo-se um tributo muito mais leve sobre o malte".[41] Bem sabemos, porém, qual é o destino das boas intenções, que certamente não é a cerveja barata.

A riqueza das nações também teve alguns bons efeitos, como, por exemplo, todo o mundo livre moderno. Os argumentos de Smith ajudaram a dar forma ao Tratado de Paris, encerrando a guerra revolucionária. O duque de Shelburne, cujo irmão mais moço hospedara-se com Smith na Universidade de Glasgow, foi um dos primeiros a aplicá-los. Declarou ter sido convertido às idéias de Smith durante uma viagem de ambos de Glasgow a Londres em 1761. Shelburne tornou-se primeiro-ministro em 1782, e no ano seguinte assinou a paz com os Estados Unidos. Declarou que o Tratado de Paris fora inspirado no "grande princípio do livre comércio", e que "a paz era boa na exata medida em que reconhecia aquele princípio".[42]

Quatro anos mais tarde, Pitt o jovem iria invocar o mesmo princípio smithiano em seu Decreto de Consolidação, que reformava as leis alfandegárias e de coleta de impostos da Grã-Bretanha. Séculos passados em recursos mercantilistas e apropriações governamentais da renda tinham feito essas leis crescerem a ponto de serem requeridas 2.537 resoluções individuais para que as cláusulas do Decreto de Consolidação fossem apresentadas ao Parlamento. Pitt também tentou levar a efeito a idéia de Smith de união constitucional com a Irlanda. A disputa resultante disso ainda continua.

Conta-se que pouco antes de sua morte, Smith foi a uma casa, em Londres, onde estava reunido um distinto grupo, que incluía o promotor público Henry Dundas, o conselheiro de Estado William Grenville, o bispo William Wilberforce, além de Pitt e Henry Addington, que sucederia Pitt como primeiro-ministro. Todos se levantaram quando Smith entrou na sala.

"Fiquem sentados, senhores", sugeriu Smith.

"Não", respondeu Pitt. "Ficaremos de pé até que o senhor se sente, pois somos todos seus alunos."[43]

Isso pode de fato ter acontecido. A forma como os políticos do mundo todo realmente viam Adam Smith foi, porém, mais bem expressa pelo tóri Charles James Fox, o rival político de longa data de Pitt. Era Fox, e não Pitt, que supostamente compartilhava das convicções do *whig* Smith — liberalização política, tolerância social, apoio à autoridade parlamentar sobre a prerrogativa real. Fox foi um daqueles progressistas *bien-pensants* de vida pessoal complicada, do tipo Ted Kennedy, que ficou plenamente a favor da Revolução Francesa e plenamente contrário à intervenção britânica nas guerras revolucionárias francesas, e daí por diante. Fox revelou ao autor e memorialista Charles Butler nunca ter lido *A riqueza das nações*, e explicou: "Há alguma coisa em todos aqueles temas que ultrapassa a minha compreensão; alguma coisa tão vasta que nunca posso abarcá-la eu mesmo, e nem encontrar alguém que já o tenha feito."[44]

Entretanto, naturalmente, como qualquer estudante de política poderia prever, foi Fox que pela primeira vez citou *A riqueza das nações* no Parlamento. E sua citação indica a verdade total do que ele confessara a Butler: "Há uma máxima apresentada num excelente livro, a respeito da riqueza das nações, ... que é indiscutível quanto a sua verdade. Nesse livro afirma-se que o único modo de enriquecer é administrar as coisas de forma que a própria renda exceda as despesas. Essa máxima se aplica tanto a um indivíduo quanto a uma nação."[45]

O sistema político deu a Adam Smith adequada compensação, tal como os sistemas políticos tantas vezes nos recompensam por nossos pecados. Em 1778, ele foi nomeado comissário da Alfândega para a Escócia, com um excelente salário e vários privilégios, como a ordem-unida do porteiro da Casa da Alfândega.

Entre as vendas de livros e o comissariado, Smith ganhava dinheiro empenhando-se em eliminar as taxas alfandegárias, bem como em as recolher, o que, aliás, focalizava por ângulo diferente do que costumamos usar — afinal, era um negócio de família. Não só seu pai havia sido fiscal aduaneiro em Kirkcaldy, como também um primo, um terceiro Adam Smith, que seguiu a carreira e foi nomeado para o posto de inspetor-geral de portos de exportação. Há também uma história sobre incompetência e peculato no serviço alfandegário britânico. Colocar uma raposa para vigiar os gansos — se a raposa fosse teórica, honesta e desinteressada, e não como Charles Fox — era prática melhor que a usual, de colocar um ganso para vigiar os demais.

Depois de sete anos como comissário, Smith escreveu a William Eden, secretário da Comissão de Comércio, que "o rendimento líquido da Alfândega da Escócia é pelo menos quatro vezes superior ao que era sete ou oito anos atrás, ... Orgulho-me de que provavelmente vá aumentar ainda mais".[46]

Ao mesmo tempo, não é provável que Smith fosse presença muito feroz no escritório da Alfândega. Ele achava que as taxas de importação eram uma espécie de cilada, e considerou na *Riqueza das nações*: "A lei, contrariamente a todos os princípios comuns da justiça, primeiro cria a tentação e depois pune os que a ela cedem."[47] Ele expressou a preocupação de que o contrabando, antes de arruinar a economia, fosse "a ruína completa do contrabandista, pessoa que, conquanto sem dúvida seja atualmente censurável por violar as leis de seu país, muitas vezes é incapaz de violar as leis da justiça natural, e teria sido, sob todos os aspectos, um excelente cidadão se as leis do país não tivessem transformado em crime aquilo que a natureza nunca entendeu como tal".[48] E chegou mesmo a ponto de declarar que "pretender que se tenha algum escrúpulo em comprar mercadorias contrabandeadas ... [seria] um desses atos pedantes de hipocrisia que, em vez de granjear crédito junto a quem quer que seja, servem apenas para expor a pessoa que os pratica à suspeita de ser patife maior que a maioria de seus vizinhos".[49] O grupo de senhoras no ônibus fretado, atravessando a fronteira em Niagara Falls com as bolsas cheias de remédios canadenses de venda controlada, seria tratado gentilmente por Adam Smith.

Como o foram sua mãe e sua prima solteirona, que ele transferiu para uma bela casa em Edinburgo, onde passou os últimos 12 anos de sua vida, em trabalho e atividades sociais, segundo o programa que recomendou aos trabalhadores da Inglaterra e da Escócia no Livro 1 da *Riqueza*: "Um trabalho intenso, intelectual ou manual, continuado por vários dias, na maioria das pessoas, é seguido naturalmente de um grande desejo de repouso. ... Trata-se de um imperativo da natureza, a qual, para recuperação, exige recreação, não bastando às vezes somente relaxar, mas também dissipar e divertir."[50]

A natureza pronunciou seu derradeiro imperativo no dia 17 de julho de 1790. A saúde de Smith havia piorado. Em suas últimas revisões da *Teoria dos sentimentos morais* ele acrescentou duas dezenas de parágrafos, a maioria aprovando-a, sobre a atitude estóica para com a morte: "Vá em frente sem se lamentar, murmurar ou se queixar. Vá em frente calmo, contido, regozijando-se, dando graças a Deus que, em sua infinita bondade, abriu o seguro e tranqüilo porto da morte, sempre disposto a acolher-nos nesse tempestuoso oceano que é a vida humana."[51] Smith emagrecera e enfraquecera, mas no domingo anterior a sua morte ainda recebeu, como sempre, os amigos para o jantar semanal. Suas últimas palavras registradas foram: "Creio que vamos ter de transferir esta reunião para algum outro lugar."[52]

14

Adam Smith no céu

Para que tipo de lugar estaria Adam Smith propondo transferir-se? Que "religião pura e racional, livre de qualquer mistura de absurdo, impostura ou fanatismo" seria a que ele e os demais sábios desejavam ver estabelecida? Não seria muito monótono o seu funeral, pela falta de absurdo? E qual é a cerimônia de casamento desprovida de impostura? Conhecemos — às vezes com detalhes torturantes — o pensamento de Adam Smith. Mais difícil é determinar aquilo em que acreditava.

Ele é em geral associado ao que muitos membros da *intelligentsia* iluminista qualificam como deísta — alguém para quem tudo o que Deus fez foi dar corda no relógio do Universo. Aperte o botão da soneca, está bem? John Rae classificava Smith mais precisamente como teísta. A diferença está no fato de que o teísmo enfatiza a crença em Deus, enquanto o deísmo enfatiza a descrença nos aspectos sobrenaturais da religião que, considerados amplamente, são todos os aspectos da religião. Smith acreditava num Deus mais ativamente envolvido: "Até a simples suspeita de um mundo sem pai deve ser a mais melancólica das reflexões."[1] Embora saibamos todos a freqüência com que os pais se envolvem ativamente na educação dos filhos...

Smith muitas vezes despersonalizou Deus ao empregar a palavra *natureza*. Muitas vezes, mas não sempre. Na *Teoria dos sentimentos morais*, depois de afirmar que "as obras da natureza ... parecem todas ter a intenção de promover a felicidade e proteger da miséria",[2] ele prossegue sugerindo que, toda vez que entrávamos nessas obras da natureza, "nós nos declaramos, em certa medida — se podemos nos expressar assim —, inimigos de Deus".[3]

Até que ponto Adam Smith era um bom cristão é ainda mais difícil de determinar. E, afinal de contas, dizer que ninguém é bom cristão constitui um artigo de fé do cristianismo. Um fofoqueiro contemporâneo de Smith, John Ramsay of Ochtertyre, considerava-o "sinistramente reticente" em assuntos de religião, afirmando que fora visto rindo-se abertamente durante o serviço divino. (E não é isso o que se espera de nós?) Só encontrei uma menção direta a Jesus Cristo nas obras publicadas por Smith, e mesmo assim de passagem: "O preceito de nosso Salvador."[4] Mas ela é respeitosa, e está escrita com letra maiúscula. Uma terça parte da Santíssima Trindade prosseguiu sem ser examinada por Smith. (Entre a natureza e o Espectador Imparcial, ele voltou toda a sua atenção para os outros dois terços.) Nosso Salvador, entretanto, também prosseguiu sem qualquer ataque. É possível que Smith achasse tão evidente a importância do cristianismo, que nem seria necessário mencioná-lo.

Se foi isso, os cristãos fervorosos não concordaram o bastante. Na edição final da *Teoria dos sentimentos morais*, Smith eliminou um longo parágrafo teológico cheio de justificativas cristãs para a retribuição divina. Essa supressão, combinada com seu louvor a Hume, desencadeou nos vigorosos cristãos do século XIX raiva verdadeiramente esteróide em termos de metáfora. Segundo alguns relatos, Smith teria dito que o referido trecho, cuja omissão foi considerada ofensiva, fora cortado por ser "desnecessário e deslocado".[5] E era mesmo. O tópico de Smith era sobre nosso desejo pessoal de retribuição, tema que nada tem de divino. Se Adam Smith estivesse vivo, com toda certeza afirmaria que a evolução *constitui* um desígnio inteligente.

Repetidamente ele afirmou o seu desinteresse pela metafísica. Quando, porém, se tornou professor na Universidade de Glasgow, assinou a Confissão de Fé de Westminster, afirmando o credo da Igreja Presbiteriana. Presumivelmente a assinatura ainda era válida quando aceitou o título de reitor, 36 anos mais tarde. Adam Smith não foi a primeira pessoa a manter secretas opiniões religiosas convencionais — ou achar chato pensar a respeito. "A natureza", observou ele, "não nos prescreveu essa sublime contemplação como o grande negócio e ocupação das nossas vidas."[6]

Tudo isso é para afirmar que Smith não foi um cético religioso, mas apenas que ele era tão cético, a ponto de ser inteiramente possível que fosse cético também quanto ao ceticismo.

Era possuído de lógica profunda e sem convicção. "Convicto, mas não convencido", era a frase que o ouviam murmurar para si depois de perder alguma discussão em algum de seus clubes de Glasgow.[7] Se não rejeitava a religião, recusava entretanto a religiosidade e reputava como tolice o fato de que “a adoração pública e privada da Divindade seja considerada, mesmo por homens honrados e capazes, as únicas virtudes que podem levar à recompensa ou livrar da punição na vida futura”.[8]

Smith não acreditava no ascetismo nem nesses “queixosos e melancólicos moralistas que ficam eternamente censurando nossa felicidade”.[9] Tinha suas dúvidas sobre o estoicismo e “a perfeita apatia que ele nos prescreve, pelo esforço não apenas de moderar, mas de erradicar todos os nossos afetos privados, parciais e egoístas”.[10] Chamava a isso “uma tola insensibilidade para com os eventos da vida humana”.[11]

Apesar do respeito que nutria por Hume, questionava-lhe as idéias utilitárias. Se fôssemos adotar o utilitarismo, ponderou, “não teríamos outra razão para elogiar alguém, senão aquele a quem tivéssemos pedido para fabricar uma cômoda”.[12]

E desconfiava particularmente de qualquer forma de casuísmo e do secreto e reles raciocínio que utiliza para deitar a virtude na cama de Procrusto* da autojustificação: segundo Smith, um homem que precisa consultar os casuístas — ou os advogados, os relações públicas, os lobistas e os comentaristas de campanha, tais como os conhecemos hoje “era um homem de equívocos e restrições mentais, um homem que séria e deliberadamente pretende enganar, mas que, ao mesmo tempo, deseja jactar-se de ter realmente falado a verdade.”[13]

* Lendário assassino das estradas da Ática, que deitava suas vítimas sobre uma cama de ferro e, para adaptá-las ao tamanho dela, as esticava ou cortava-lhes as pernas. Serve como metáfora para a adaptação forçada de alguma idéia. (N.T.)

Smith não se impressionava muito com a maioria dos filósofos e quase nada com alguns deles em especial, parafraseando o comentário de Cícero: "Nada existe de tão absurdo ... que não tenha sido diversas vezes afirmado por alguns filósofos."[14]

"Os filósofos", sugeriu, "são capazes de cultivar com peculiar dedicação, como o grande meio de exibir sua ingenuidade, a tendência a se responsabilizar por todas as aparências, partindo de tão poucos princípios quanto possível."[15] Ele usou Epicuro como exemplo, mas dificilmente pôde deixar de pensar em si próprio. Em sua opinião havia algo de arrogante na filosofia: "Os homens adoram os paradoxos, e tentam parecer que compreendem aquilo que ultrapassa a compreensão da gente comum."[16] E havia algo essencial sobre a filosofia: "Os raciocínios filosóficos ... embora possam confundir e causar perplexidade ao entendimento, jamais podem romper a conexão necessária que a natureza estabeleceu entre causas e efeitos."[17] Ele considerava haver até na própria razão um aspecto ambíguo: "É totalmente absurdo e ininteligível supor que as primeiras percepções do certo e do errado decorram da razão."[18]

Adam Smith se dispôs a fazer uma obra monumental, a construir algo que ajudaria a melhorar todos os aspectos da existência. Normalmente não se considera o ceticismo algum kit para construtores. Sócrates pode ter sido o único outro filósofo a tentar realizar alguma coisa boa com o ceticismo, se é que podemos considerar Platão uma coisa boa. Adam Smith, de fato, considerava: "O humanista Platão, ... com todo aquele amor pela humanidade que parece animar todas as suas obras."[19] Mas nada existe na *Riqueza das nações* equivalente aos absurdos de Oceana e Utopia que vemos na *República*, com coisas tipo "os hinos aos deuses e os louvores aos homens famosos são a única poesia que se deveria admitir em nosso Estado" (Livro 10). E, embora Adam Smith fosse cético, *A riqueza das nações* e *A teoria dos sentimentos morais* nada contêm do grosseiro pessimismo que marcou antigos céticos como Pirro de Elis, Arquesilau e Enesidemus (que o podem ter sido pessimistas por supor, corretamente, que ninguém haveria de se incomodar em preservar suas obras ou lembrar seus nomes).

O ceticismo foi apenas um jeito que Adam Smith encontrou para não se dar ao trabalho de olhar o que não se pode ver. Ele viu que a humanidade tinha solidariedade, imaginação e um desejo de progredir. E que todos os tipos de coisa que ele chamava de "sistemas especulativos" encontravam-se no meio do caminho da humanidade. Foi nesses sistemas especulativos que trabalhou com seus instrumentos de ceticismo, as receitas para lunetas trituradoras de esquemas visionários excessivamente proféticos, retocando planos para a sociedade, e para deixar o ar sair da filosofia com um único e bem escolhido sinônimo de metafísica: a "pneumática".[20] Smith declarou:

> Em todas as épocas do mundo adotaram-se sistemas especulativos, por motivos demasiadamente frívolos para determinar o julgamento de qualquer pessoa de senso comum, em assunto de mínimo interesse pecuniário. Os sofismas grosseiros dificilmente exerceram alguma influência nas opiniões da humanidade, a não ser em assuntos de filosofia e de especulação; nestes muitas vezes eles exerceram a maior influência.[21]

Cuidem bem dos centavos, que os filósofos especulativos, utópicos, políticos, economistas e Deus cuidarão de si mesmos.

Apêndice
Dicionário filosófico de Adam Smith

Em qualquer análise das obras de Adam Smith, sempre falta muito a ser analisado. Neste pequeno livro a respeito do grande livro de Smith não há espaço para todos — menos ainda para muitos deles — os adágios, aforismos, epigramas, insights, observações, máximas, axiomas, percepções judiciosas e opiniões preconceituosas de Smith.* Voltaire, que de certa forma inspirou Adam Smith, reuniu seus breves escritos exortativos no que chamou de *Dictionnaire philosophique*. Quando os executores literários de Voltaire estavam compilando a edição completa de suas obras, viram-se diante de toda sorte de bugigangas literárias: panfletos, lengalengas,

* Nos verbetes a seguir foram tomadas algumas liberdades com os textos de Smith. Sentenças independentes foram às vezes transformadas em sentenças completas. Certo número de "poréns" e "entretantos", que se referiam a material precedente, foram removidos, assim como outras palavras irrelevantes. Foram inseridas elipses apenas onde omissões substanciais haviam sido feitas.

pequenos ensaios, notas manuscritas e por aí vai. Apropriaram-se então do título de Voltaire e amontoaram todos esses itens no *Dictionnaire*, criando uma miscelânea que dificilmente seria um dicionário, e filosófico só em sentido mais amplo. Uma nova apropriação da idéia de Voltaire parece-nos agora método razoável (e fácil) para organizar essas sobras intelectuais, na tentativa de fazer um prato cheio do pensamento de Adam Smith.

Transações bancárias islâmicas

Mesmo que a lei proíba completamente os juros, não será capaz de impedi-los.

— *A riqueza*, Livro 1[1]

Negócios e governo, o laço visionário entre eles

A avareza e a injustiça têm sempre visão curta.

— *A riqueza*, Livro 3[2]

Negócios, a regulamentação governamental dos

Dizer que ela é simplesmente inútil talvez seja o maior elogio que se possa fazer com justiça a uma companhia regulamentada.

— *A riqueza*, Livro 5[3]

O aconselhamento profissional, inutilidade do

O altíssimo conceito que a maior parte das pessoas tem de suas próprias habilidades constitui mal antigo, salientado por filósofos e moralistas de todas as épocas. Pouca atenção, porém, tem-se dado a sua absurda presunção quanto à própria sorte. ... O menosprezo do risco e a presunçosa esperança do sucesso não estão presentes em nenhuma fase da vida tanto quanto na idade em que os jovens escolhem sua profissão.

— *A riqueza*, Livro 1[4]

"Importar-se"

Suponhamos que o grande império da China, com suas miríades de habitantes, fosse subitamente engolido por um terremoto, e vamos considerar como seria afetado um cidadão humanitário, na Europa, ... ao receber a notícia dessa terrível calamidade. Acredito que em primeiro lugar ele iria expressar com veemência toda a sua tristeza pela desgraça daquele infeliz povo, fazendo muitas reflexões melancólicas sobre a precariedade da vida humana. ... E quando toda essa bela filosofia tivesse terminado, quando todos esses sentimentos humanísticos já tivessem sido devidamente expressos, ele iria dar prosseguimento a seus negócios ou a seu divertimento, repousar ou se distrair com a mesma calma e tranqüilidade de antes, como se nenhum acidente houvesse ocorrido. ... Se no dia seguinte tivesse de amputar o dedo mindinho, passaria a noite inteira sem dormir, mas ... ele vai roncar com a mais profunda tranqüilidade sobre a ruína de centenas de milhares de irmãos seus.

— *A teoria*, Parte III[5]

Celebridade, o fascínio por ser uma

Um homem de posição e distinção é amplamente observado. Todos querem olhá-lo e imaginar, por solidariedade pelo menos, a alegria e o entusiasmo com que sua situação naturalmente o inspira. ... Dificilmente se irá negligenciar totalmente uma palavra ou um gesto que possam sair dele. ... A todo instante ele tem a oportunidade de despertar o interesse da humanidade e de tornar-se objeto de observação e de companheirismo por parte de todo mundo ao seu redor. É graças a isso que a grandeza, ... apesar da perda da liberdade que lhe está sempre associada, se torna objeto de inveja.

— *A teoria*, Parte III[6]

Celebridade, como uma em declínio se vê compelida a se exibir

Porque embora passar despercebido ou ser reprovado sejam coisas completamente diferentes, mesmo assim, quando a obscuridade nos priva da luz da honra e da aprovação, e achamos que não mais chamamos atenção, isso necessariamente ... decepciona o desejo mais ardente da natureza humana.

—*A teoria*, Parte I[7]

Celebridade, uma última palavra a respeito

Essa predisposição para admirar e mesmo quase idolatrar os ricos e os poderosos, e a desprezar ou no mínimo negligenciar as pessoas de situação pobre e ruim ... é a maior e mais universal causa da corrupção dos sentimentos morais.

—*A teoria*, Parte I[8]

Roupas ridículas, um conselho para jovens vagabundos preguiçosos usando

É tão ridículo não se vestir quanto não estar empregado, como as demais pessoas.

—*A riqueza*, Livro 4[9]

Colbert, Jean-Baptiste, ministro das Finanças de Luís XIV: seu equívoco quanto à semelhança entre negócios e governo é oposto — apesar de idêntico — ao pensamento de Donald Rumsfeld

Quanto à atividade e ao comércio de um grande país, procurou regulá-los segundo o mesmo modelo dos departamentos de uma repartição pública.

—*A riqueza*, Livro 4[10]

Confissão

Nenhum homem pede a seu confessor que o absolva por não ter realizado a mais generosa, amigável ou magnânima ação que, em sua situação, poderia ter realizado.

—*A teoria*, Parte VII[11]

Direitos do consumidor, primeira declaração conhecida dos

O interesse do produtor só deve ser atendido à medida que possa ser necessário para promover o do consumidor.

— *A riqueza*, Livro 4[12]

Corporações, governo das

Os negócios de uma companhia de capital acionário sempre são administrados por um grupo de diretores ... subordinado, sob muitos aspectos, ao controle de uma assembléia geral de acionistas, cuja maioria, entretanto, raramente tem a pretensão de entender o que quer que seja dos negócios da companhia; e ... não se preocupa com os negócios da companhia, senão para receber, satisfeita, os dividendos semestrais ou anuais, da forma que os diretores considerarem conveniente. ... Entretanto, como os diretores de tais companhias administram mais o dinheiro de outros que o próprio, não é de se esperar que dele cuidem com a mesma irrequieta vigilância com a qual os sócios de uma associação privada freqüentemente cuidam do seu. Como os administradores de um homem rico, eles têm propensão a considerar que não seria honroso para o patrão atender a detalhes, e com muita facilidade dispensam esses pequenos cuidados. Por conseguinte, prevalecem sempre e necessariamente a negligência e o esbanjamento, em grau maior ou menor.

— *A riqueza*, Livro 5[13]

Cartões de crédito, queixas sobre pagamentos de juros sobre

Mas, já que sempre se pode ganhar algo com o emprego do dinheiro, da mesma forma sempre se pagará algo por seu uso.

— *A riqueza*, Livro 2[14]

Cultura popular

A música e a dança representam os grandes divertimentos de quase todas as nações bárbaras.

— *A riqueza*, Livro 5[15]

Cultura popular, continuação

Todos os selvagens estão sempre muito ocupados com os próprios desejos e necessidades para dar atenção aos de outra pessoa.

— *A teoria*, Parte v[16]

Cultura popular, outros pensamentos sobre a

A ignorância, em uma sociedade civilizada, parece entorpecer com freqüência a mente de todas as camadas inferiores da população.

— *A riqueza*, Livro 5[17]

Drogas, por que as leis contra elas não funcionam (e por que chego sempre tarde em casa)

Não é o grande número de cervejarias que gera a disposição à embriaguez em meio à população simples, mas é essa tendência, decorrente de outras causas, que necessariamente gera empregos em grande número de cervejarias.

— *A riqueza*, Livro 2[18]

EU

A política vigente na Europa não permite a liberdade perfeita.

— *A riqueza*, Livro 1[19]

Economia, duas razões para sua existência — os grifos são nossos

A economia política, considerada um setor da ciência própria de um estadista ou de um legislador, propõe-se a dois objetivos distintos:

primeiro, prover renda ou manutenção farta para a população *ou, mais adequadamente, dar-lhe a possibilidade de conseguir ela mesma tal renda ou manutenção*; segundo, prover o Estado ou a comunidade de renda *suficiente* para os serviços públicos.

— *A riqueza*, Livro 4[20]

Economia, outras duas razões para sua existência — grifos desnecessários

O baixo custo do consumo e o estímulo à produção, precisamente os dois efeitos que constituem o grande negócio a ser promovido pela economia política.

— *A riqueza*, Livro 5[21]

Demanda efetiva

Em certo sentido pode-se dizer que uma pessoa muito pobre demanda uma carruagem de luxo puxada por seis cavalos; ... entretanto, a sua não é uma demanda efetiva.

— *A riqueza*, Livro 1[22]

Inimigos, indígenas primitivos, *plus ça change...*

Não há nada mais desprezível que uma guerra de índios na América do Norte.

— *A riqueza*, Livro 5[23]

Fome

Quem quer que examine atentamente a história dos períodos de privação e fome que afligiram qualquer parte da Europa, seja durante a época atual, seja nos dois séculos precedentes, ... irá descobrir ... que a fome jamais surgiu por qualquer outro motivo que não a violência de um governo ao tentar, por meios inadequados, solucionar as inconveniências de um período de privação.

— *A riqueza*, Livro 4[24]

Fome, prevenção da

Depois da atividade do agricultor, nenhuma outra contribui tanto para o crescimento do trigo quanto a do mercador de trigo.

—*A riqueza*, Livro 4[25]

Brincadeiras chatas

Muitas vezes é mais mortificante aparecer em público nos pequenos desastres que nas grandes desgraças.

—*A teoria*, Parte I[26]

Vítimas da moda

Em toda sociedade civilizada, ... sempre houve dois diferentes padrões de moralidade coexistentes; um pode ser chamado o estrito ou austero; o outro, o liberal, ou, se quiserem, o sistema relaxado. O primeiro é em geral admirado e reverenciado pelo povo comum; o último normalmente é mais apreciado e adotado por aqueles a quem se chama gente da moda.

—*A riqueza*, Livro 5[27]

Livre empresa, o poder não-político da

Embora, sem dúvida, o esbanjamento do governo tenha retardado o natural progresso da Inglaterra na direção da riqueza e da melhoria, não foi capaz de o impedir.

—*A riqueza*, Livro 2[28]

Bom ânimo, sua relação com o déficit nas contas correntes nacionais

Tentar aumentar a riqueza de um país, introduzindo ou mantendo quantidade desnecessária de ouro e prata é tão absurdo quanto seria tentar estimular bom ânimo das famílias obrigando-as a manter um número desnecessário de utensílios de cozinha.

—*A riqueza*, Livro 4[29]

Ganância, por que ela é de fato boa, e como uma mente gananciosa destrói as associações monopolistas entre mercadores e fabricantes

Num comércio livre, uma associação efetiva não se pode estabelecer senão por unanimidade de consentimento individual, e só pode durar enquanto cada comerciante continuar com a mesma forma de pensar.

— *A riqueza*, Livro 1[30]

Crimes odientos, processo contra

Sentimentos, pensamentos, intenções seriam objetos de punição. ... Todo tribunal de magistratura se tornaria uma verdadeira Inquisição. Ali não havia segurança para a mais inocente e circunspecta conduta. Desejos maus, opiniões ruins, más intenções, também poderiam ser suspeitos.

— *A teoria*, Parte II[31]

Hilton, Paris: suas numerosas rixas explicadas

A rivalidade e a imitação, mesmo em profissões medíocres, tornam a excelência um objeto de ambição, e freqüentemente ocasionam os maiores esforços.

— *A riqueza*, Livro 5[32]

Sem-teto, uma visão alternativa sobre os

O mendigo que toma sol à beira da estrada tem a segurança pela qual os reis batalham.

— *A teoria*, Parte IV[33]

Maridos

É do interesse de qualquer homem viver o melhor que puder; e se os salários forem exatamente os mesmos, quer ele exerça ou não atividade muito laboriosa, é certamente de seu interesse ... negligenciá-la completamente, ou, se estiver sujeito a alguma autoridade que não lhe permita agir dessa forma, realizá-la de forma descuidada e desmazelada, que possa ser aceita por essa autoridade.

— *A riqueza*, Livro 5[34]

Maridos, continuação

Não se mostrar afetado pela alegria de nossos companheiros constitui apenas falta de educação. Mas não adotar uma expressão séria quando eles nos relatam suas aflições é real e grosseira desumanidade.

— *A teoria*, Parte I[35]

Imigração, excessivas preocupações com a

O homem, de todas as espécies de bagagens, é a mais difícil de transportar.

— *A riqueza*, Livro 1[36]

Decoração de interiores, nova sugestão para

Representações de instrumentos de música ou de agricultura, feitos em pintura ou estuque, compõem ornamento comum e agradável em nossos vestíbulos e salas de jantar. Uma representação equivalente de instrumentos de cirurgia, dissecação, facas para amputação ou serras de cortar ossos ... etc., seria absurda e chocante.

— *A teoria*, Parte I[37]

Itália

A Itália ainda continua a inspirar algum tipo de veneração pelo número de seus monumentos, embora a riqueza que os produziu já tenha decaído, e o gênio que os planejou pareça estar extinto.

— *A riqueza*, Livro 2[38]

Liberais de limusine, explicação para os

Os donos de grandes capitais ... têm geralmente ou alguma participação direta, ou alguma influência indireta, na administração do governo. Em nome do respeito e autoridade que assim obtêm, pretendem viver num país em que seu capital ... lhes proporcione menos lucros.

— *A riqueza*, Livro 5[39]

Liberais de limusine, a verdadeira explicação para os

Nos gastos públicos, como também nos particulares, uma grande riqueza pode, talvez, ser muitas vezes admitida como desculpa para uma grande loucura.

— *A riqueza*, Livro 4[40]

Padrões de vida, modernos

A acomodação de um príncipe europeu não excede tanto a de um diligente e frugal camponês quanto a deste último excede a de um rei africano, senhor absoluto da vida e da liberdade de milhares de selvagens nus.

— *A riqueza*, Livro 1[41]

Malthus, Thomas, refutado

O mais decisivo sinal de prosperidade de um país é o aumento do número dos seus habitantes.

— *A riqueza*, Livro 1[42]

Malthus, Thomas, novamente refutado

A demanda de homens, assim como de qualquer outra mercadoria, necessariamente regula a produção de homens.

— *A riqueza*, Livro 1[43]

Monarquia ou democracia, qual é a pior?

A Inglaterra, ... em tempos de paz, geralmente se conduziu com preguiçosa e negligente prodigalidade que talvez seja natural às monarquias. E em tempos de guerra agiu constantemente com toda a extravagância desatenta em que normalmente as democracias tendem a cair.

—*A riqueza*, Livro 5[44]

Dinheiro

Dinheiro ... é um amigo constante.

—*A riqueza*, Livro 4[45]

Dinheiro, um amigo constante, quando podemos encontrar

Quando temos dinheiro, podemos obter tudo de que precisarmos mais prontamente que por qualquer outro meio. A grande questão, sempre descobrimos, é conseguir dinheiro.

—*A riqueza*, Livro 4[46]

Proliferação nuclear, o lado brilhante da

Em decorrência disso, ... os habitantes de todas as diversas regiões do mundo podem atingir aquele equilíbrio de coragem e força que, inspirando medo mútuo, é o único modo de intimidar a injustiça das nações independentes, despertando-lhes alguma espécie de respeito pelos direitos alheios.

—*A riqueza*, Livro 4[47]

Peça off-Broadway, idéia para uma

Considera-se em geral a perda de uma perna muito mais trágica que a perda de uma amante. Entretanto, seria ridícula a tragédia que girasse em torno de perda desse tipo.

—*A teoria*, Parte I[48]

Antevisão da natureza do planejamento central, na URSS

O medo da punição jamais pode ser motivo suficientemente forte para forçar a contínua e cuidadosa atenção a um negócio.

— *A riqueza*, Livro 5[49]

O mal inerente à política: explicação para

É injusto a sociedade como um todo ter de contribuir com uma despesa cujo benefício é confinado apenas a uma parte da sociedade.

— *A riqueza*, Livro 5[50]

Pobres, porém felizes

Os vícios da frivolidade são sempre desastrosos para as pessoas comuns.

— *A riqueza*, Livro 5[51]

Presidentes, ex-

De todos os estadistas descartados que, para sua própria comodidade, estudaram para obter o máximo da ambição e desprezar as honras às quais não mais teriam acesso, quantos foram capazes de conseguir?

— *A teoria*, Parte I[52]

Presidentes, ex — continuação

Com quanta impaciência o homem de espírito e ambição, em momento de pouca evidência, olha a sua volta, em busca de alguma grande oportunidade para se distinguir? ... Ansioso, ele aspira até por uma guerra estrangeira, ou alguma dissensão civil.

— *A teoria*, Parte I[53]

Orgulho e vaidade, em defesa do

Freqüentemente o orgulho está acompanhado por muitas virtudes respeitáveis, ... e a vaidade, por muitas agradáveis.

— *A teoria*, Parte VI[54]

Qualidade, garantias de

A questão da qualidade é tão discutível que considero de certa forma ambígua toda a informação a respeito.

— *A riqueza*, Livro 1[55]

Reagan, Ronald — fonte original de uma frase popularmente atribuída a

[Re: Companhia das Índias Orientais] ... o desperdício que a fraude e o mau uso, inseparáveis da direção dos negócios de uma companhia de tão grande porte, devem necessariamente ter ocasionado.

— *A riqueza*, Livro 4[56]

Ricos, os

A principal diversão da maior parte das pessoas ricas consiste no desfile das riquezas, que a seus olhos jamais é tão completa como ao parecerem possuir definitivos sinais de opulência que ninguém além delas possui.

— *A riqueza*, Livro 1[57]

Ricos, os novos

Bastaria sua riqueza para provocar a indignação pública; a vaidade que quase sempre acompanha essas arrogantes fortunas e a tola ostentação com que normalmente são exibidas provocam ainda mais indignação.

— *A riqueza*, Livro 5[58]

Ruína nacional

Estejam certos de que existe muita ruína em uma nação.

— Smith, ao jovem que lhe trouxe a notícia da derrota britânica em Saratoga, segundo a qual esta nação estaria arruinada.[59]

Papai Noel, por que dizemos às crianças que existe

Parece haver nas crianças uma disposição instintiva para acreditar em tudo o que lhes dizem. A natureza parece ter julgado necessário à sua preservação que elas ... depositem implícita confiança nos encarregados de cuidar de sua infância. Sua credulidade, dessa forma, é excessiva, e exigem-se muitas e longas experiências da falsidade do ser humano para reduzi-la a razoável grau de hesitação e desconfiança.

— *A teoria*, Parte VII[60]

Acadêmicos

Antes da invenção da arte da impressão, um acadêmico e um mendigo parecem ter sido sinônimos muito próximos.

— *A riqueza*, Livro 1[61]

Shopping

O que está muito acima da satisfação de um desejo limitado é dado para a diversão daqueles desejos impossíveis de satisfazer, mas que parecem todos intermináveis.

— *A riqueza*, Livro 1[62]

Assistência social explicada

[Na antiga Atenas] as crianças eram dispensadas de sustentar os pais em idade avançada, caso eles houvessem negligenciado sua instrução em algum lucrativo comércio ou negócio.

— *A riqueza*, Livro 5[63]

Estatística, tudo o que se precisa saber sobre a do governo

Não tenho grande fé na aritmética da política.

—*A riqueza*, Livro 4[64]

Sucesso, prós e contras

Poder e bens ... são enormes e operosas máquinas... que consistem nas mais belas e delicadas molas que precisam ser mantidas em ordem através da mais ansiosa atenção, e que, a despeito de todo o nosso cuidado, podem quebrar completamente, a qualquer momento, esmagando nos destroços seu infeliz possuidor...

Os prazeres da riqueza e da grandeza ... atingem a imaginação como algo grandioso, belo e nobre, cuja posse vale bem todo o esforço e ansiedade que somos tão aptos a lhes conferir. E é bom que a natureza se imponha a nós desta maneira. É essa decepção que desperta e mantém em contínuo movimento o empenho da humanidade.

—*A teoria*, Parte IV[65]

Televangelistas

Os frades esmoleres, cuja atividade mendicante não só é permitida como consagrada pela religião, [constituem] taxa extremamente deplorável para o povo pobre.

—*A riqueza*, Livro 4[66]

Televangelistas, sucesso *versus* clero protestante oficial

Tal clero, se atacado por um conjunto de entusiastas atrevidos e populares, embora talvez tolos e ignorantes, sente-se tão totalmente indefeso quanto as indolentes, afeminadas e bem alimentadas nações das regiões do sul da Ásia, que foram invadidas pelos ativos, temerários e famintos tártaros do norte.

—*A riqueza*, Livro 5[67]

Turistas, do tipo que volta para casa elogiando a excelência dos transportes de massa dos outros países

Na China, ... as estradas, e ainda mais os canais navegáveis, segundo se pretende, são muito melhores que qualquer coisa semelhante que se conheça na Europa. Os relatos sobre essas obras, entretanto, transmitidos à Europa, geralmente são trazidos por viajantes fracos e assombrados, e freqüentemente por missionários tolos e mentirosos.

— *A riqueza*, Livro 5[68]

ONU

O respeito pelas leis das nações ou por esses regulamentos que os Estados independentes professam ou pretendem achar-se comprometidos a observar em seus tratados uns com os outros muitas vezes é pouco mais que mera pretensão e declaração.

— *A teoria*, Parte VI[69]

Veracidade legislativa

Os anais dos debates da Câmara dos Comuns não costumam ser os mais autênticos registros da verdade.

— *A riqueza*, Livro 5[70]

Versos brancos

Fazem bem em chamá-los brancos, pois são mesmos brancos. Até eu, que nunca em minha vida pude encontrar uma rima, poderia fazer um verso branco tão rápido quanto falo.

— Smith, em entrevista a um jornalista anônimo.[71]

Virtude, análise econômica da

A recente resolução dos quacres da Pensilvânia de libertar todos os seus escravos negros deixa-nos felizes porque seu número não pode ser muito grande.

— *A riqueza*, Livro 3[72]

Salários, muito baixos comparados com os lucros

A procura de quem vive de salários ... naturalmente aumenta com o aumento da riqueza nacional, e sem ela não tem possibilidade de aumentar.

—*A riqueza*, Livro 1[73]

Salários, muito altos comparados com os lucros

A recompensa liberal do trabalho, ... queixar-se dela, é lamentar o efeito e a causa necessários da maior prosperidade pública.

—*A riqueza*, Livro 1[74]

Guerra, como estímulo econômico sem o qual estaríamos muito melhor

No meio da mais destrutiva guerra externa, ... a maior parte das manufaturas pode freqüentemente se desenvolver muito; e, pelo contrário, pode declinar quando volta a paz. Podem desenvolver-se em meio à ruína do país e começar a decair quando volta sua prosperidade.

—*A riqueza*, Livro 4[75]

Guerra, predileção do público pela

Nos grandes impérios o povo que vive na capital e nas províncias distantes do cenário da ação dificilmente sente qualquer inconveniência produzida pela guerra. Mas desfruta confortavelmente a distração de ler nos jornais os feitos de suas frotas e exércitos. Para eles essa diversão compensa a pequena diferença entre as taxas que pagam por causa da guerra e aquelas que se acostumaram a pagar em tempos de paz. Normalmente não ficam satisfeitos com a volta da paz, que põe fim a sua diversão.

—*A riqueza*, Livro 5[76]

Guerra, plano de Smith para a redução da

Se os gastos com a guerra fossem custeados sempre por uma renda recolhida durante o ano, ... as guerras seriam em geral mais rapidamente concluídas, e menos licenciosamente empreendidas.

— *A riqueza*, Livro 5[77]

Esposas

O belo sexo, que normalmente tem muito mais ternura que o nosso, raramente tem a mesma generosidade.

— *A teoria*, Parte IV[78]

Notas

Abreviaturas

CAS	*Correspondence of Adam Smith*, E.C. Mossner e I.S. Ross (orgs.), Oxford, 1977, Liberty Fund, 1987.
DS	Stewart, Dugald, *Collected Works*, vol.10, *Biographical Memoirs of Adam Smith, William Robertson, Thomas Reid*. Edinburgo, T. Constable, 1858.
EPS	*Essays on Philosophical Subjects*, W.P.D. Wightman e J.C. Bryce (orgs.). Oxford, 1980. Liberty Fund, 1982.
ISR	Ross, Ian Simpson, *The Life of Adam Smith*, Oxford, Oxford University Press, 1995.
LJ	*Lectures on Jurisprudence*, R.L. Meek, D.D. Raphael e P.G. Stein (orgs.), Oxford, 1978. Liberty Fund, 1982.
Rae	Rae, John, *Life of Adam Smith*, Londres, Macmillan, 1895.
TMS	*The Theory of Moral Sentiments*, D.D. Raphael e A.L. Macfie (orgs.), Oxford, Oxford University Press, 1976. Reimpressão: Indianápolis, Liberty Fund, 1982.
TRTS	Hayek, Friedrich A. von, *The Road to Serfdom*, Chicago, University of Chicago Press, 1944.
West	West, E.G., *Adam Smith*, New Rochelle, N., Arlington House, 1969.
W/L	*An Inquiry into the Nature and Causes of the Wealth of Nations* (2 vols.), R.H. Campbell e A.S. Skinner (orgs.), Oxford, 1976; Liberty Fund, 1981.
W/ML	*An Inquiry into the Nature and Causes of the Wealth of Nations*, Edwin Cannan (org.), Nova York, Modern Library, 1937.

1. Uma investigação (p.9-23)

1. W/ML, p.715.
2. W/ML, p.90.
3. DS, p.52.
4. TMS, p.226.
5. W/L, p.782.
6. W/ML, p.lix.

2. Por que *A riqueza das nações* é um livro tão longo? (p.24-37)

1. W/ML, p.932.
2. W/L, p.124.
3. TMS, p.28.
4. West, p.111.
5. Rae, p.269.
6. W/ML, p.214.
7. W/ML, p.552.
8. W/ML, p.467.
9. CAS, p.387.
10. W/ML, p.148.
11. W/L, p.388.
12. W/ML, p.xliii.

3. *A teoria dos sentimentos morais* (p.38-51)

1. W/L, p.471.
2. W/ML, p.584.
3. EPS, p.105.
4. Ibid.
5. TMS, p.82.
6. TMS, p.9.
7. TMS, p.16.
8. TMS, p.9.
9. TMS, p.106.

10. TMS, p.304.
11. TMS, p.137.
12. Ibid.
13. TMS, p.247.
14. TMS, p.86.
15. Ibid.
16. TMS, p.142.
17. TMS, p.241.
18. TMS, p.25.
19. TMS, p.184.
20. TMS, p.118.
21. TMS, p.25.
22. TMS, p.219.
23. TMS, p.272.
24. W/ML, p.14.
25. TMS, p.77.
26. TMS, p.292.

4. *A riqueza das nações*: Livro 1 (p.52-72)

1. W/ML, p.15.
2. Ibid.
3. W/ML, p.140.
4. Ibid.
5. Ibid.
6. W/ML, p.99.
7. W/L, p.14.
8. Rae, p.286.
9. W/ML, p.28.
10. W/ML, p.47.
11. W/ML, p.36-7.
12. W/ML, p.39.
13. W/ML, p.47.
14. W/ML, p.95.
15. W/ML, p.250.

16. W/ML, p.61.
17. Ibid.
18. W/ML, p.56.
19. W/ML, p.76.
20. W/ML, p.113.
21. W/ML, p.287.
22. W/ML, p.288.
23. W/L, p.570.
24. W/ML, p.87.
25. W/ML, p.274.
26. W/ML, p.63.
27. Ibid.
28. W/ML, p.95.
29. W/ML, p.89.
30. W/ML, p.279.
31. W/ML, p.287.
32. W/ML, p.42.
33. W/ML, p.188.
34. TMS, p.184-5.
35. TMS, p.57.
36. TMS, p.234.
37. W/L, p.48.
38. W/ML, p.162.

5. *A riqueza das nações*, Livro 2 (p.73-86)

1. W/ML, p.304-5.
2. W/ML, p.321.
3. LJ, p.352.
4. W/ML, p.314.
5. W/ML, p.32.
6. W/ML, p.349.
7. W/ML, p.335-6.
8. W/ML, p.110.
9. W/ML, p.359.

10. W/ML, p.353.
11. Ibid.
12. W/ML, p.348.
13. W/ML, p.314.
14. Ibid.
15. W/ML, p.349.
16. Ibid.
17. W/ML, p.350.
18. W/Ml, p.345.
19. LJ, p.518.
20. W/ML, p.355-6.
21. W/ML, p.353.
22. W/ML, p.552.
23. W/ML, p.423.
24. W/ML, p.341.
25. W/ML, p.343.
26. Ibid.
27. W/ML, p.435.
28. Ibid.

6. *A riqueza das nações*, Livro 2, continuação (p.87-103)

1. W/ML, p.372.
2. W/ML, p.376.
3. W/ML, p. 376-7.
4. W/ML, p.360.
5. W/ML, p.361.
6. Ibid.
7. Ibid.
8. W/ML, p.372.
9. W/ML, p.381.
10. W/ML, p.319.
11. W/ML, p.19.
12. W/ML, p.320.

13. W/ML, p.306.
14. W/ML, p.843.
15. W/ML, p.838.
16. Ibid.
17. W/ML, p.146.
18. W/ML, p.145.
19. W/ML, p.145-6.
20. TRTS, p.55.
21. W/ML, p.391.
22. W/ML, p.365.
23. W/ML, p.366.
24. W/ML, p.365-6.
25. W/ML, p.309.
26. Ibid.
27. Ibid.
28. W/ML, p.394.
29. W/ML, p.395.
30. Ibid.
31. Ibid.
32. W/ML, p.397.
33. Ibid.
34. W/ML, p.399.
35. W/ML, p.406.
36. W/ML, p.374-5.
37. W/ML, p.803-4.
38. W/ML, p.804.
39. LJ, p.570.
40. W/ML, p.373-4.
41. W/L, p.19.

7. *A riqueza das nações*, Livro 3 (p.104-17)

1. W/ML, p.409.
2. TMS, p.57.
3. W/ML, p.413.

4. Ibid.
5. W/ML, p.440.
6. W/ML, p.414.
7. W/ML, p.443.
8. W/ML, p.31.
9. Alexander Carlyle, "Anecdotes and Characters of Our Times", citado em Arthur Herman, *How the Scots Invented the Modern World*, Nova York, Crown, 2001, p.122.
10. W/ML, p.415.
11. W/ML, p. 416.
12. Ibid.
13. Ibid.
14. W/ML, p.363.
15. Jane Austen, *Orgulho e preconceito*, cap.13.
16. W/ML, p.417.
17. Ibid.
18. W/ML, p.417-8.
19. W/ML, p.418.
20. W/ML, p.427.
21. Ibid.
22. Ibid.
23. W/ML, p.428-9.
24. W/ML, p.429.
25. W/ML, p.440.
26. W/ML, p.430.
27. Ibid.
28. W/ML, p.440.
29. W/ML, p.444-5.
30. W/ML, p.446-7.
31. W/ML, p.447.

8. *A riqueza das nações*, Livro 4 (p.118-30)

1. W/ML, p.552.
2. W/ML, p.456-7.
3. W/ML, p.467.

4. W/ML, p.461.
5. W/ML, p.530.
6. W/ML, p.521.
7. W/ML, p.498.
8. W/ML, p.485.
9. W/ML, p.629.
10. W/ML, p.738.
11. W/ML, p.737.
12. W/ML, p.498.
13. W/ML, p.496.
14. W/ML, p.319.
15. W/ML, p.458.
16. W/ML, p.479.
17. W/ML, p.530.
18. W/ML, p.528.
19. W/ML, p.526.
20. W/ML, p.409.
21. W/ML, p.421.
22. W/ML, p.569.
23. W/ML, p.531-2.
24. W/ML, p.532.
25. W/ML, p.581.

9. *A riqueza das nações*, Livro 4, continuação (p.131-8)

1. W/ML, p.723.
2. W/ML, p.725.
3. W/ML, p.724.
4. W/ML, p.726.
5. W/ML, p.731.
6. W/ML, p.745.
7. W/ML, p.736.
8. TMS, p.185.
9. TMS, p.232.

10. Ibid.
11. Ibid.
12. TMS, p.233-4.
13. TMS, p.187.
14. W/ML, p.728.
15. W/ML, p.735
16. David Hume para o abade André Morellet, Londres, 10 de julho de 1769, em *The Letters of David Hume*, vol. 2, *1766-1776*, J.Y. Greig (org.), Oxford, Oxford University Press, 1932, p.205. Morellet era filósofo e amigo de Voltaire.

10. Adam Smith, o tio chato fundador da América (p.139-50)

1. V.I. Lênin, "Imperialismo, etapa superior do capitalismo", citado in Thomas Sowell, *Marxism: Philosophy and Economics*, Nova York, Morrow, 1985, p.213.
2. V.I. Lênin, *Imperialism*, International Publishers, 1939, p.13, citado por Thomas Sowell, ibid.
3. David Hume, "The Sceptic", in *Essays, Moral, Political, and Literary*, Indianápolis, Liberty Classics, 1987, p.169.
4. W/ML, p.1.026.
5. CAS, p.383.
6. CAS, p.380-1.
7. CAS, p.384.
8. CAS, p.383.
9. W/ML, p.636.
10. W/ML, p.556.
11. W/ML, p.477.
12. W/ML, p.637.
13. W/ML, p.636.
14. W/ML, p.660.
15. W/ML, p.629.
16. Ibid.
17. W/ML, p.663, 665.
18. W/ML, p.618-9.
19. CAS, p.381.

20. W/ML, p.672.
21. W/ML, p.666.
22. Ibid.
23. Ibid.
24. CAS, p.382.
25. W/ML, p.1.013.
26. CAS, p.382.
27. Ibid.
28. W/ML, p.675.
29. W/ML, p.1.028.
30. Ibid.

11. *A riqueza das nações*, Livro 5 (p.151-71)

1. TMS, p.291.
2. Ibid.
3. W/ML, p.633.
4. W/ML, p.858.
5. W/ML, p.774.
6. W/ML, p.771-2.
7. W/ML, p.771.
8. W/ML, p.766.
9. Ibid.
10. W/ML, p.766-7.
11. W/ML, p.767.
12. W/ML, p.768.
13. Ibid.
14. W/ML, p.769.
15. W/ML, p.770.
16. W/ML, p.778.
17. W/ML, p.776.
18. W/ML, p.782.
19. W/ML, p.780.
20. W/ML, p.785-6.
21. W/ML, p.775.

22. W/ML, p.791.
23. W/ML, p.781.
24. W/ML, p.831.
25. W/ML, p.829.
26. W/ML, p.829-30.
27. W/ML, p.827.
28. W/ML, p.830.
29. W/ML, p.821.
30. W/ML, p.822.
31. W/ML, p.839.
32. W/ML, p.824.
33. Ibid.
34. W/ML, p.855.
35. W/ML, p.839.
36. W/ML, p.855.
37. W/ML, p.832.
38. W/ML, p.857.
39. W/ML, p.849.
40. W/ML, p.849-50.
41. Nessa seção da *Riqueza*, Smith inclui uma longa citação de David Hume, *The History of England, from the Invasion of Julius Caesar to the Revolution in 1688*, vol.4, Londres, T. Caddell, 1773, p.30-1. Em nota de rodapé, Smith informa que a edição de 1773 "difere textualmente da edição mais recente e das anteriores". W/ML, p.850.
42. W/ML, p.867.
43. W/ML, p.852.
44. Ibid.
45. Ibid.
46. W/ML, p.854.
47. W/ML, p.862.
48. W/ML, p.888.
49. Ibid.
50. W/ML, p.889.
51. W/ML, p.970.
52. W/ML, p.929.
53. W/ML, p.914.

54. Ibid.
55. W/ML, p.909.
56. W/ML, p.907.
57. W/ML, p.919.
58. W/ML, p.934.
59. Ibid.
60. Ibid.
61. W/ML, p.935.
62. W/ML, p.958.
63. W/ML, p.945.
64. W/ML, p.278.
65. W/ML, p.185.
66. W/ML, p.941.
67. W/ML, p.923.
68. W/ML, p.909.
69. W/ML, p.980.
70. W/ML, p.880.
71. W/ML, p.997.
72. W/ML, p.1.008.
73. W/ML, p.1.012.
74. W/ML, p.1.009.
75. W/ML, p.765.
76. W/ML, p.669.
77. W/ML, p.745.
78. Ibid.

12. O livro perdido de Adam Smith (p.172-9)

1. TMS, p.35.
2. TMS, p.81.
3. Ibid.
4. TMS, p.249
5. TMS, p.249-50
6. W/ML, p.985
7. W/ML, p.766
8. W/ML, p.767

9. Bernard Mandeville, *The Fable of the Bees*, vol.1, Oxford, Oxford University Press, 1924, p.369.
10. Ibid., p.24-6.
11. TMS, p.308.
12. LJ, p.181.
13. W/ML, p.868.
14. W/ML, p.1.025-6.
15. W/ML, p.1.026.
16. Ibid.
17. W/ML, p.671.
18. W/ML, p.763-4.
19. TMS, p.187.
20. W/ML, p.527.
21. Ibid.

13. Uma investigação sobre Adam Smith (p.180-208)

1. era, p.372.
2. CAS, p.112-3.
3. Citado in Paul Johnson, *Intellectuals*, Londres, Weidenfeld & Nicolson, 1988, p.26.
4. TMS, p.225.
5. TMS, p.163.
6. Richard Brookhiser, *Founding Father: Rediscovering George Washington*, Nova York, Free Press, 1996, p.131-2.
7. CAS, p.275.
8. ISR, p.310.
9. Rae, p.170.
10. ISR, p.227.
11. CAS, p.252-3.
12. W/ML, p.152.
13. CAS, p.269.
14. DS, p.72.
15. ISR, p. 311.
16. ISR, p.416.
17. DS, p.97.

18. ISR, p.214.
19. TMS, p.199.
20. W/ML, p.185.
21. Rae, p.213.
22. Rae, p.211; ISR, p.210; West, p.146.
23. TMS, p.143.
24. TMS, p.23.
25. Rae, p.372, 374.
26. TMS, p.224-5.
27. CAS, p.33-5.
28. TMS, p.41.
29. Rae, p.156.
30. Rae, p.35.
31. Rae, p.288.
32. Rae, p.5.
33. Rae, p.12.
34. W/ML, p.821.
35. Rae, p.34.
36. TMS, p.193.
37. West, p.204.
38. W/ML, p.832.
39. W/ML, p.907.
40. W/ML, p.925.
41. W/ML, p.960.
42. Rae, p.383.
43. Rae, p.405.
44. Rae, p.289.
45. Rae, p.290.
46. West, p.187-8.
47. W/ML, p.889-90.
48. W/ML, p.970.
49. Ibid.
50. W/ML, p.94.
51. TMS, p.280.
52. Rae, p.435.

14. Adam Smith no céu (p.209-14)

1. TMS, p.235.
2. TMS, p.166.
3. Ibid.
4. TMS, p.178.
5. TMS, p.384.
6. TMS, p.292.
7. Rae, p.96.
8. TMS, p.132.
9. TMS, p.139.
10. TMS, p.292.
11. TMS, p.244.
12. TMS, p.188.
13. TMS, p.339.
14. W/ML, p.945.
15. TMS, p.299.
16. W/ML, p.642.
17. TMS, p.293.
18. TMS, p.320.
19. TMS, p.210.
20. W/ML, p.829.
21. W/ML, p.828.

Apêndice: Dicionário filosófico de Adam Smith (p.215-33)

1. W/ML, p.110.
2. W/ML, p.422-3.
3. W/ML, p.793.
4. W/ML, p.124, 126.
5. TMS, p.136.
6. TMS, p.51.
7. Ibid.
8. TMS, p.61.
9. W/ML, p.96-7.

10. W/ML, p.719.
11. TMS, p.334.
12. W/ML, p.625.
13. W/ML, p.800.
14. W/ML, p.387.
15. W/ML, p.834.
16. TMS, p.205.
17. W/ML, p.840.
18. W/ML, p.392.
19. W/ML, p.115.
20. W/ML, p.455.
21. W/ML, p.808.
22. W/ML, p.63.
23. W/ML, p.749.
24. W/ML, p.563.
25. W/ML, p.570.
26. TMS, p.60.
27. W/ML, p.746.
28. W/ML, p.376.
29. W/ML, p.468.
30. W/ML, p.148-9.
31. TMS, p.105.
32. W/ML, p.820.
33. TMS, p.185.
34. W/ML, p.821.
35. TMS, p.15.
36. W/ML, p.86.
37. TMS, p.35-6.
38. W/ML, p.379.
39. W/ML, p.980.
40. W/ML, p.559.
41. W/ML, p.13.
42. W/ML, p.80.
43. W/ML, p.92.
44. W/ML, p.880.

45. W/ML, p.457.
46. W/ML, p.456.
47. W/ML, p.676.
48. TMS, p.29.
49. W/ML, p.789.
50. W/ML, p.877.
51. W/ML, p.853.
52. TMS, p.57.
53. TMS, p.55.
54. TMS, p.258.
55. W/ML, p.244.
56. W/ML, p.681-2.
57. W/ML, p.198.
58. W/ML, p.976.
59. CAS, p.262n.
60. TMS, p.335.
61. W/ML, p.152.
62. W/ML, p.188-9.
63. W/ML, p.835.
64. W/ML, p.573.
65. TMS, p.182-3.
66. W/ML, p.620.
67. W/ML, p.847.
68. W/ML, p.688.
69. TMS, p.22 8.
70. W/ML, p.797.
71. Rae, p.35.
72. W/ML, p.418.
73. W/ML, p.79.
74. W/ML, p.93.
75. W/ML, p.473.
76. W/ML, p.996.
77. W/ML, p.878.
78. TMS, p.190.

Leituras Complementares

A melhor forma de se ler Adam Smith é na edição de Glasgow, encomendada pela Universidade de Glasgow para comemorar o bicentenário da publicação da *Riqueza das nações*, em 1976. Alguns eminentes estudiosos de Smith curvaram-se sobre a estrutura completa de sua obra, inclusive o que ficou registrado das suas conferências, e compuseram uma bela introdução anotada. Um índex em separado abrange a multidão de pessoas e assuntos abordados por Adam Smith. Foram publicados pela Oxford University Press oito volumes de capa dura, que também são encontrados em brochura, editados pela Liberty Fund, de Indianápolis, Indiana, reproduções fotográficas exatas dos livros de Oxford.

Não usei — ai de mim! — a edição de Glasgow da *Riqueza* em minhas primeiras leituras. Há quase 40 anos eu já possuía uma edição da Modern Library, de 1937, toda amarfanhada e sublinhada (naqueles poucos trechos, tenho de admitir, que efetivamente li). Minha edição da Modern Library não deixa de ter seus méritos: introdução marxista hilariante, de autoria do prolixo Max Lerner, já falecido; conteúdo organizado por Edwin Cannan, incluindo a "Introdução" do editor, as notas de rodapé e os resumos à margem, todos de excelente qualidade. Cannan foi talvez a maior de todas as autoridades sobre Adam Smith, tanto que o texto que resultou da cuidadosa edição de Glasgow pouco difere de tudo o que Cannan produziu em 1904.

A Modern Library ainda tem no prelo *A riqueza*, *minus* o marxismo. Meu velho livro, coitado, foi lido até ficar aos pedaços. Mas encontrei outro exemplar de 1937, com a empoeirada capa ainda intacta. Esse volume *Gigante* — como era então classificado — da Modern Library foi ilustrado com um desenho a carvão, estilo realismo socialista, sobre um fundo vermelho-bolchevique em que se vêem operários do mundo puxando inutilmente uma corda. Espera-se que os leitores de hoje não se sintam tentados a fazer algo parecido com o que tiverem entre as mãos.

Obras de Adam Smith

Edições da Modern Library

An Inquiry into the Nature and Causes of the Wealth of Nations, Edwin Cannan (org.), Nova York, Modern Library, 1937.

The Wealth of Nations, Edwin Cannan (org., introd. e notas), Nova York, Modern Library, 1994. (Ed. bras., *A riqueza das nações*, São Paulo, Martins Fontes, 1999.)

Edições de Glasgow

The Theory of Moral Sentiments, D.D. Raphael e A.L. Macfie (orgs.), Oxford, Oxford University Press, 1976. Reimpressão: Liberty Fund, Indianápolis, 1982. (Ed. bras., *A teoria dos sentimentos morais*, São Paulo, Martins Fontes, 2003.)

An Inquiry into the Nature and Causes of the Wealth of Nations, R.H. Campbell e A.S. Skinner (orgs.), 2 vols., Oxford, 1976. Liberty Fund, 1981.

Essays on Philosophical Subjects, W.P.D. Wightman e J.C. Bryce (orgs.), Oxford, 1980. Liberty Fund, 1982.

Lectures on Rhetoric and Belles Lettres, J.C. Bryce (org.), Oxford, 1983. Liberty Fund, 1985.

Lectures on Jurisprudence, R.L. Meek, D.D. Raphael e P.G. Stein (orgs.), Oxford, 1978, Liberty Fund, 1982.

Correspondence of Adam Smith, E.C. Mossner e I.S. Ross (orgs.), Oxford, 1977. Liberty Fund, 1987.

Index to the Works of Adam Smith, K. Haakonssen e A.S. Skinner (compil.), Oxford, 2001. Liberty Fund, 2001.

Outros livros e artigos

BOAZ, David (org.), *The Libertarian Reader*, Nova York, Free Press, 1997.

BUCHHOLZ, Todd G., *New Ideas from Dead Economists*, Nova York, New American Library, 1989.

CAMPBELL, R.H. e A.S. Skinner, *Adam Smith*, Nova York, St. Martin's, 1982.

FRIEDMAN, Milton. *Capitalism and Freedom*, Chicago, University of Chicago Press, 1962.

FRIEDMAN, Milton e Rose Friedman, *Free to Choose*, Nova York, Harcourt Brace Jovanovich, 1980.

FRY, Michael (org.), *Adam Smith's Legacy*, Londres, Routledge, 1992.

GREENSPAN, Alan, "Adam Smith", *Adam Smith Memorial Lecture*, Kirkaldy, Escócia, 6 fev 2005. Washington, DC, Federal Reserve Board, 2005. http://www.federalreserve.gov/boarddocs/speeches/2005/20050206/default.htm (acessado em 28 de agosto de 2006).

HAYEK, Friedrich A. von, *The Road to Serfdom*, Chicago, University of Chicago Press, 1944.

HAZLITT, Henry, *Economics in One Lesson*, Nova York, Harper & Brothers, 1946.

HERMAN, Arthur, *How the Scots Invented the Modern World*, Nova York, Crown, 2001.

JOHNSON, Paul, *Intellectuals*, Londres, Weidenfield & Nicolson, 1988.

MANDEVILLE, Bernard, *The fable of the Bees*, 2 vols., Oxford, Oxford University Press, 1924.

PIPES, Richard, *Property and Freedom*, Nova York, Knopf, 1999.

RAE, John, *Life of Adam Smith*, Londres, Macmillan, 1895.

RAPHAEL, D.D., *Adam Smith*, Oxford, Oxford University Press, 1985.

ROSS, Ian Simpson, *The Life of Adam Smith*, Oxford, Oxford University Press, 1995.

RYAN, Edward W., *In the Words of Adam Smith*, Sun Lakes, Ariz., Thomas Horton, 1990.

SALERNO, Joseph T., "Carl Menger: The Founder of the Austrian School", Auburn, Ala., Ludwig von Mises Institute, 2005. http://www.mises.org/content/mengerbio.asp (acessado em 28 de agosto de 2006).

SAMUELSON, Paul A. e William D. Nordhaus, *Economics*, 15ª ed., Nova York, McGraw-Hill, 1995.

SOWELL, Thomas, *Marxism: Philosophy and Economics*, Nova York, Morrow, 1985.

STEWART, Dugald, *Collected Works*, vol.10, *Biographical Memoirs of Adam Smith, William Robertson, Thomas Reid*, Edinburgo, T. Constable, 1858.

TUFTE, Edward R., *The Visual Display of Quantitative Information*, 2ª ed., Cheshire, Conn., Graphics Press, 2001.

WEATHERFORD, Jack, *The History of Money*, Nova York, Crown, 1997.

WEST, E.G., *Adam Smith*, New Rochelle, NY, Arlington House, 1969.

WHITE, T.H., *The Age of Scandal*, Londres, Jonathan Cape, 1950.

WILLIAMS, Jonathan (org.), *Money: A History*, Londres, British Museum Press, 1997.

YARDENI, Edward E. e David A. Moss, "The Triumph of Adam Smith", *Topical Study*, n.19, Nova York, Prudential-Bache Securities, 1990. http://www.adamsmith.org/smith/triumph-of-smith.pdf (acessado em 28 de agosto de 2006).

Agradecimentos

Foi Toby Mundy, diretor da Atlantic Books, em Londres, que teve a boa idéia dessa série de comentários. Foi ele também (e, se essa idéia foi boa, não sou eu que devo julgar) que me pediu para escrever um desses comentários. O leitor não sei como reagirá. Por mim, sinto-me grato pela experiência, embora ela efetivamente tenha me lançado até o mais fundo de um lago intelectual em que não tenho o hábito de nadar.

Meus agradecimentos também a Morgan Entrekin, diretor da Grove/Atlantic Worldwide, cujos conselhos editoriais ("reescreva tudo isso") foram muito apreciados e acatados. Morgan e eu temos estado juntos nessa união civil entre escritor e editor (reconhecida pela maioria dos estados) desde 1983. Ele publicou cada um de meus livros, sendo portanto o único responsável por isso.

O Capítulo 3 deste livro, que trata da *Teoria dos sentimentos morais*, de Adam Smith, foi publicado antes, na *Weekly Standard*, em formato bem diferente. Tenho grande débito com aquela bela publicação, que por mais de uma década me deixou falando sobre... sobre qualquer coisa, de fato. Até sobre *A teoria dos sentimentos morais*.

Outra grande dívida minha (e também grande contribuição, que ainda está... bem... no correio) é para com o Cato Institute, em Washington DC, uma agremiação não-partidária que promove a liberdade individual, que tanto amamos, e que insiste na responsabilidade individual, que não amamos tanto assim. O presidente do Cato é Ed Crane. Seu vice-presidente executivo, David Boaz, faz a maior parte do trabalho. E eu — membro da Menken Research do Cato — não faço nada (sendo tão ranzinza, porém dificilmente tão prolífico quanto meu homônimo naquele grupo). O membro mais antigo do Cato, Tom Palmer, legítimo erudito em Adam Smith, orientou-me com relação à *Riqueza das nações*. Foi ele quem chamou atenção para o fato de que Smith, usando castores mortos e veados para investigar a natureza do valor, não tinha a menor idéia do que estava dizendo. E foi Tom que observou a ironia da política mercantilista de tentar fazer em seu próprio país, em tempos de paz, o que tentaria fazer num país inimigo durante a guerra.

Alguns anos atrás o Cato ofereceu um curso de palestras, Sociedade Civil Avançada, que breve será lançado em CDs e fitas cassete. As quatro gravações dedicadas à *Riqueza das nações* são brilhantes e sucintas. E escutá-las, segundo fonte bastante credenciada (minha esposa), é muito melhor que me escutar.

Julie Mariotti, com seu talento lingüístico e seu conhecimento da cultura francesa do século XVIII, forneceu-me tradução coloquial da carta de mme. Riccoboni a David Garrick. Mesmo para um conhecedor do francês (*je ne suis pas*), aquela missiva é quase uma confusão indecifrável de gramática obsoleta e gíria antiqüíssima.

Conversei (interminavelmente) sobre meu livro com as pessoas com quem costumo discutir tudo o que esteja além da minha compreensão (mas que raramente está além da compreensão delas): Andy e Denise Ferguson, Nick e Mary Eberstadt, Michael Lehner e Tina O'Rourke. Esta última, por ser casada com o autor, teve de suportar dia e noite aquela conversa toda. Agradeço-lhes a gentil paciência e as sábias idéias.

Mais paciência gentil e novas idéias sábias vieram também de Ed Crane, David Boaz, Richard Starr, Philip Terzian, Richard Pipes, Charles Murray, Chris DeMuth, Toby Lester e Cullen Murphy.

O mérito também deve ser conferido a David Brooks, por nos lembrar, numa de suas excelentes colunas do *New York Times* (deviam entregar-lhe a direção do jornal inteiro), que a base dos princípios do livre mercado já era compreendida pelo menos desde a época de Alberto Magno, no século XIII. Robert Samuelson é igualmente digno de mérito por seu contínuo e maravilhoso registro, bem como suas análises das questões econômicas. Numa coluna de 2005 no *Washington Post,* Samuelson captou numa só frase todo o argumento de Adam Smith contra a onisciência do dirigismo e do planejamento econômico: "Quanto menos entendemos a economia, melhor ela funciona."

Dr. William C. Freund, que por muitos anos foi o economista chefe do New York Stock Exchange, contou-me uma piada que achei bom guardar na memória: "O economista é um cara que conhece 101 modos de fazer amor, mas não tem namorada."

Ao me queixar a um advogado e jurista acadêmico, Peter Huber, de certa aridez e dificuldade no pensamento de Adam

Smith, Peter ponderou que a pessoa pode ser chata o quanto quiser, se tiver algo verdadeiramente brilhante e original a dizer. Isso me fez recordar que eu não tenho, e por isso me cabe colocar um leve toque artístico em meu pensamento, o que espero ter conseguido, embora não possa garantir.

O que posso prometer é imorredoura gratidão a Tina O'Rourke e Caitlin Rhodes por toda a pesquisa que fizeram e por seu trabalho em tomar tudo em que se transformou sua pesquisa, depois de passar pelo meu sistema digestivo, e enfiá-lo pela goela do computador. Assim, elas puderam efetivamente impedir que aquele colorido elfo do teclado, agachado embaixo da ponte do esforço literário, devorasse este Bode Billy Gruff aqui.*

Gostaria de terminar estes agradecimentos com algo que ninguém deveria agradecer. Em 1903 a Universidade de Cambridge separou o estudo da economia do estudo das ciências morais. Um tanto precocemente.

* Conhecido conto de fadas norueguês em que três bodes, todos chamados Billy Gruff, precisam atravessar uma ponte onde se encontra um temível elfo, que come quem quer que passe por ali. [N.T.]

Índice Remissivo

Este livro foi composto por Letra e Imagem
em Fairfield e Berthold e impresso por
Geográfica Editora em setembro de 2008.